읽기가 전부다

난독증 전문가와 함께하는
읽기 역량 강화 솔루션

읽기 역량 강화 솔루션

읽기가 전부다

애드밸

일러두기 |
이 책에 나오는 사례자들의 이름은 모두 가명으로 표기했습니다.

| 머리말 |

글을 읽지 못하는 원인이 난독증이라면

현상태(대한난독증협회 회장)

어느 민족, 어느 세대나 독서를 중요하게 여겨 왔습니다. 우리는 독서를 통해 넓은 세상을 가깝게 만날 수 있고, 간접적으로 다양한 경험을 할 수 있습니다. 특히, 학생들이 독서를 할 때의 장점은 무궁무진합니다.

학생들은 독서를 통하여 풍부한 어휘력과 지식을 쌓을 수 있습니다. 책을 읽으며 습득한 배경지식을 활용하면 인지능력이 발달하여 논리적으로 사고할 수 있습니다. 사고의 지평이 넓어지고 자신과 다른 관점을 수용할 수 있는 공감력이 생깁니다. 책 속 다른 인물들의 삶과 생각을 통해 지혜를 얻고, 실제 삶에서 실수를 줄일 수 있습니다. 또한, 세상을 보는 새로운 방식을 발견함으로써 시야가 넓어지고, 자신의 의견을 주장하는 글쓰기 능력도 향상됩니다. 이 모두가 독서의 효과입니다.

코로나19는 학교와 학생의 교육에 많은 변화를 가져왔습니다. 규칙적인 학교생활에서 벗어난 학생들은 가정에서의 느슨한 교육 방법과 방임으로 독서보다 휴대전화와 컴퓨터로 게임, 동영상 시청에 시간을 소비하고 있습니다.

현재는 코로나19 상황이 호전되어 전면 등교를 하지만, 도서관을 출입하는 학생이 예전보다 많이 줄었습니다. 도서관을 출입하는 학생도 학습 만화를 선호하고 글밥이 많은 책을 거부하는 추세입니다. 이에, 교육자와 학부모는 학생들의 독서 변화에 맞춰 독서지도의 방향을 모색해 나가야 합니다.

우려되는 점은 글조차 읽지 못하는 학생들이 늘고 있다는 것입니다. 글을 읽지 못하는 학생의 부류는 인지력이 낮은 경계선 지능 학생만이 아닙니다. 일상생활에서 말하고 듣는 데는 전혀 지장이 없지만, 글을 읽고 쓰는 데에 어려움을 겪는 난독증 학생들도 있습니다.

그런데 난독증은 조기 발견하고 초기에 올바르게 지도하면 충분히 증상을 개선하고 치료할 수 있습니다. 난독증이 있으면 글을 읽을 때 단어를 생략하거나, 다른 말로 바꿔서 읽기도 하고 아예 없는 말을 집어넣기도 합니다. 혹은 조사를 빼거나 추가하여 자기 마음대로 지어 읽는데, 이런 학생이 백 명당 다섯 명 정도로 나타납니다.

초기 난독증 치료는 특수 교육 대상인 학생만을 위해 활용되었으며, 일반 학교의 학습 부진 학생은 단순히 느린 학습자로만 인식되었습니다. 그동안 한글 미해득 아동은 방과 후에 담임 교사가 한글 해득을 위해 오랜 시간을 투자해 가르쳐 왔습니다. 하지만 난독증 때문에 글을 읽을 수 없는 학생을 치료받도록 해야 한다는 생각은 학교 현장에서도 하지 못했습니다.

글을 배우는 데 어려움을 느끼는 난독증 학생은 학습 자체에도 크게 흥미를 느끼지 못하지만, 글을 배우고 난 다음 날이면 거의 초

기화되어 버립니다. 전날 수업에서는 학생이 대답을 잘했는데 다음 날에는 거의 모른다면, 사실은 글자를 익힌 것이 아니라 교사가 묻는 말에 눈치껏 대답했을 가능성이 큽니다.

 난독증을 개선하지 않고 사춘기를 겪게 되면 더 큰 문제를 일으킬 수 있습니다. 자기 자신을 이해하지 못하는 내면의 불만이 커지고, 자존감이 낮아져 불안정한 감정 상태가 고조됩니다.
 사춘기와 맞물리면 친구들과 다툼이 잦아지고 비행 청소년이 되거나 학교폭력에 연루되기도 합니다. 친구들과 어울리지 못하여 소외되고, 교사의 이해와 지원을 받지 못한 난독증 학생은 학교생활에서 악순환이 지속됩니다.
 이런 까닭에 난독증은 조기진단과 조기 개선이 매우 중요합니다. 그런데 글자를 모르는 난독증 학생을 지도할 때 유의해야 할 사항이 있습니다. 글자를 모르는 학생은 글자를 배우는 행위에 불편한 감정이 있습니다. 그들의 감정을 이해하고 우회하여 가르치는 전략이 필요합니다. 또 글자를 익히는 데 집중하다 보면 내용을 모른 채 글자만 읽는 읽기 습관이 길러지기 쉽습니다. 글자를 가르치는 단계에서부터 내용을 이해하며 읽는 습관을 길러 주어야 합니다.

기초학력 부진아는 늘어만 가는데

이영선(천안능수초등학교 교장)

코로나19 팬데믹으로 3년을 지내는 동안 글을 제대로 읽지 못하는 학습 부진 아동의 수가 많이 늘어났습니다. 이에 학교 차원을 넘어서 정부에서도 읽기 부진의 원인과 대안을 다양한 영역에서 찾고 있습니다.

학습에서 가장 기초가 되는 것은 읽기능력입니다. 학습 부진아의 대부분이 읽기 문제를 가지고 있습니다. 읽기에 문제가 있는 유형은 두 종류로 나눌 수 있습니다. 글자를 배우는 과정에서부터 문제가 있는 음운성 난독증과 글을 유창하게 읽지 못하거나 읽고도 이해를 못 하는 유창성 난독증입니다.

난독증은 아동의 지능이 떨어지거나 학습 의욕이 없고 읽기 학습이 부족해서 생기는 것이 아닙니다. 자신도 어쩔 수 없는 두뇌의 신경학적인 문제로 인해 발생하는 것입니다.

소리를 드러내는 표음문자인 한글을 기반으로 하는 학습 상황에서는 음운성 난독증보다 유창성 난독증이 훨씬 많습니다. 한글은 말소리의 음과 글자가 일치해 쉽게 글자를 배울 수 있습니다. 그래서 초등학교 저학년에서 글자 자체를 배우는 것을 어려워하는 음운성 난독증이 거의 나타나지 않습니다. 그러나 고학년이 되어 글자 수가 많아지면 읽기의 속도, 정확도, 리듬감, 내용 이해력 등 유창성에 문제를 느끼게 됩니다.

이는 학습 부진으로 이어지고 아이는 이런 상황에 혼란을 느끼게 됩니다. 아이가 책을 읽고도 이해하지 못하거나 열심히 공부해도 성적이 오르지 않는다면 유창성 난독증을 의심해 보아야 합니다.

혼란스럽기는 부모도 마찬가지입니다. 아이가 고학년이 되면서 성적이 떨어지고 책 읽기를 회피하며 책만 읽으면 머리가 아프다고 하면 부모는 덜컥 겁이 납니다. 뇌의 문제인가 싶어 병원을 찾아가 뇌와 관련한 검사를 하고 아이에게 도움도 되지 않는 약을 먹이며 고생시키기도 합니다.

이 책에서는 ADHD, 인지적 지능이 낮은 특수 교육 대상, 경계선에 있는 기초학습 부진 등의 요인을 복합적으로 가지고 있는 아이들의 난독증 극복사례도 다루었습니다. 아이들이 누적된 학습결손을 이겨내고 마침내 글을 읽으며 학교생활에 자신감을 찾아가는 과정을 소개하고 있습니다.

학습부진아를 위한 이론적인 연구는 다양하게 개발되고 있지만, 실제로 현장에서 지도한 연구사례는 턱없이 부족한 현실입니다. 여러 원인으로 글을 읽지 못해 고통받는 아이들을 지도하는 선생님과 부모님에게 이 책의 내용이 실마리가 되어 아이들의 글 읽기 문제를 해결하는 데 실질적인 도움이 되길 간절히 희망합니다.

차례 |

머리말 글을 읽지 못하는 원인이 난독증이라면   005
       기초학력 부진아는 늘어만 가는데   008

1부. 읽기가 전부다_이론편

01 난독증의 이해   017
난독증이란 018   난독증의 주요증상 021   신경학적 정보처리의 과정 023
난독증과 지능의 관계 025   난독증과 창의성 028   난독증은 질병인가? 030

02 난독증의 원인   032
난독증과 시지각의 관계 033   음운인식 부족과 두뇌 여러 부위의 협응 문제 035
다문화 가정 아동의 난독증 043

03 난독증 증상과 심리   045
난독증과 심리적 증상 049   난독증과 분리불안 055
난독증과 시각적 불편 증상 058   난독증과 우울증 061   난독증과 틱 063
난독증 개선과 자신감 065

04 난독증 동반증상   067
쓰기 장애 068   산술 장애 071

05 난독증과 ADHD의 차이점   075
ADHD란 077   ADHD 진단 078   난독증으로 인한 주의산만 081
난독증과 ADHD의 차이점 083

06 난독증 진단검사　　　　　　　　　　　　087

난독증 척도검사 089　난독증 정밀검사 093

07 난독증 개선방법　　　　　　　　　　　　102

음운인식이 부족한 난독증 107　청각처리능력이 부족한 난독증 113
듣고 따라 읽기 지도 121　글자를 익히지 못한 난독증 아동의 읽기 지도 125
읽기개선 가이드 129　읽기 유창성 지도 가이드 130

08 학교 난독증 개선사업　　　　　　　　　　134

진행 과정 136　훈련 프로그램 137　난독증 개선사업의 효과 139
학교의 난독증 개선사례 140

09 난독증 증상과 개선방법　　　　　　　　　145

증상 1. 아무리 가르쳐도 음운인식이 안 된다 146

증상 2. 조사나 어미를 교체해 읽는다 157

증상 3. 글자의 정확한 음가를 모른다 162

증상 4. 문장을 문맥으로 대충 파악한다 172

증상 5. 내용을 이해하지 못하고 글자만 읽는다 176

증상 6. 받침소리를 배우기 어렵다 179

증상 7. 맞춤법에 맞게 쓰기가 어렵다 182

증상 8. 의미가 비슷한 단어로 대체해 읽는다 184

증상 9. 글자를 거꾸로 읽거나 다르게 읽는다 186

증상 10. 언어표현력이 부족하다 189

2부. 읽기가 전부다_사례편

2부를 시작하며 194
난독증을 탈출하는 10가지 방법 195

01 마음 이해하기 196

02 심장호흡으로 마음 회복하기 200

03 감정날씨 놀이로 마음 열기 203

04 이미지 프리즘으로 말문 열기 208

05 느린 학습자 214

06 글자를 모르는 3~4학년 아이 217
학교 산책하기 218   체험학습으로 문장 만들기 220   관찰학습 기록하기 222

07 생활 속에서 자료 찾기 226
생활 속 학습자료 227   단어 연결해 문장 만들기 230

08 유창하게 읽기까지 234
국어 교과서 활용하기 235   글씨의 시각화 237   정보 검색하기 239   다양한 관계와 호칭 241   시청각 자료 활용하기 243   첫 질문 245   색으로 줄 바꿈 돕기 247

09 난독증 아이의 답답한 마음　　　　　　　　　　249

학교 부적응 250　난독증 해당군 252　적절한 학습방법 254　기억하는 힘 256
입말을 글말로 바꾸기 258　컴퓨터 자판으로 문장 다듬기 260
자판을 활용한 이중모음 지도 264

10 도서관을 이용하기까지　　　　　　　　　　266

1:1 수업 설계 270　받침 없는 말 '소나무' 271　장미꽃과 접시꽃 273
배우고 싶은 것 275　글자 쪼개기 278　모래 위에 글씨 쓰기 280　마중글 찾기 281
도서관 이용하기 283

11 동요의 힘　　　　　　　　　　286

1부

읽기가 전부다

- 이론편 -

01
난독증의 이해

- 난독증이란
- 난독증의 주요증상
- 신경학적 정보처리의 과정
- 난독증과 지능의 관계
- 난독증과 창의성
- 난독증은 질병인가?

난독증이란

　난독증은 지능과 시력, 청력, 정서적, 환경적 요인이 모두 정상이고, 개인의 노력에도 불구하고 언어와 관계된 두뇌의 신경학적 정보처리 과정의 문제로 인해 읽은 내용을 이해하는 능력이 또래에 비해 현저하게 떨어지는 것을 말한다. 즉, 읽기 부진이 있다 하더라도 지능이 지적 장애(IQ 69 이하) 수준으로 낮은 경우라면, 지능 자체의 문제로 보며 난독증으로 분류하지 않는다. 또 부모의 교육철학 또는 무관심 때문에 한글을 익히지 못한 상태에서 초등학교에 입학한 아동은 난독증이 아니다.

　또한, 난독증이 있다고 하여 읽기 부진과 관련된 증상이 모두 나타나는 것은 아니다. 읽기 부진과 관련된 여러 가지 증상이 복합적으로 나타나는 아동도 있지만, 하나의 증상만 나타나는 아동도 있다.

*

　〈지상의 별처럼〉이란 영화가 있다. 2012년 9월에 우리나라에서도 개봉한 인도 영화로, 난독증으로 인해 읽기뿐 아니라 친구들과의 관계에서도 어려움을 겪는 아동의 마음이 매우 잘 표현되었다.

　영화 내용 중에 선생님이 부모를 찾아가서 아동에게 나타나는 읽기 어려움이 머리가 나빠서가 아니라, 난독증 때문이라고 설명하는 장면

이 있다. 이때 아버지는 선생님의 설명에 전혀 공감하지 않는다. 도리어 아이가 게으르고 학습 태도가 좋지 않아서 그런 거라며 언성을 높인다.

이에 선생님은 아버지 뒤쪽에 있던 종이상자를 보고, 아버지에게 거기에 쓰여 있는 한문을 읽어 보라고 한다. 아버지는 갑작스럽게 한문을 읽으라는 선생님의 지시에 당황해하며, 자기가 모르는 중국 글자인데 어떻게 읽냐고 반문한다. 이때 선생님은 아버지를 똑바로 보며 태도가 좋지 않으니 집중해서 읽으라고 언성을 높여 말한다. 아버지는 선생님의 강압적인 태도에 놀라 반박을 하려다가 순간 깨닫는다. 자신이 글자를 익히는 데 어려움을 겪는 아들에게 늘 그렇게 말했다는 것을 말이다.

만일 자녀가 머리는 나쁘지 않은데도 글을 배우는 데 집중하지 못하고 어려워한다면, 부모의 대부분은 영화에서 아버지가 한 것 같은 반응을 보일 것이다. 하지만 부모의 그런 태도는 아동에게 전혀 도움이 되지 않는다. 오히려 자녀의 글을 배우려는 의욕만 떨어뜨린다. 자녀가 왜 글을 배우는 데 어려움을 겪는지 이해하고, 자녀에게 맞는 읽기 지도를 해 주어야만 한다. 그래야 아동이 쉽게 글을 익힐 수 있으며, 내용을 이해하며 읽는 습관을 들일 수 있다.

난독증 아동을 돕기 위해서는 난독증에 대한 이해가 우선되어야 한다. 그런 면에서 자녀가 난독증 아동이라면, 난독증의 어려움을 잘 표현한 〈지상의 별처럼〉은 도움이 되는 영화이다. 그런데 영화를 보다 보면 한 가지 아쉬운 생각이 든다. 영화에서는 난독증 증상을 칠판에서 글자가 둥둥 떠다니거나, 빙글빙글 돌거나, 거꾸로 보이거나, 다르게 보이는 것으로 표현했다. 그래서인지 '난독증이 있으면 글자가 거꾸로 보이거나, 다르게 보일 것이다'라고 생각하는 분들이 많다. 물론 그런 증상을 보이는 난독증도 있다. 하지만 난독증이 있다고 꼭 그런 증상이 나타나는 것은 아니다. 글자를 다 익히지 못한 상태에서 심하게 스트레스를 받으면 간혹 그런 증상이 나타날 수 있지만, 글자를 익힌 상태에서 나타나는 난독증의 주요증상은 읽기 부진이다.

난독증의 주요증상

* 난독증의 주요증상은 아래와 같다.
- 한글을 배우는 데 어려움이 있다.
- 소리 내어 읽을 때 실수가 많다.
- 책을 소리 내어 읽는 것을 피한다.
- 자신이 읽은 내용을 이해하지 못한다.
- 누군가 읽어 주면 잘 이해한다.
- 글자의 순서를 혼동한다.
- 맞춤법과 문법에 오류가 많다.
- 글자를 다각도로 보는 경향이 있다.
- 외국어 학습에 어려움을 느낀다.

　난독증이 있다고 해서 난독증 주요증상이 모두 나타나는 것은 아니다. 난독증이란 언어처리와 관계된 신경학적 요인으로 나타나는 읽기부진으로, 아동에 따라 증상이 매우 다양하게 나타난다.

　일반적으로 난독증 발생이 신경학적 요인일 경우에는 한글을 배우는 단계에서부터 어려움이 나타난다. 하지만 한글을 배우는 단계에서는 문제가 없었는데도 이후에 난독증으로 내용 이해가 잘 안 되는 읽기부진이 나타나기도 한다. 글자를 배우는 단계에서는 두뇌의 다른 요소들을 통하여 문제를 해결하였으나, 근본적으로 난독증을 일으키는 신경학적 약점이 있는 경우이다. 읽기 유창성의 기반이 제대로 만들어지지 못한 상태에서 읽어야 할 양이 많아지고 내용이 어려워지면 난독증 증상이 드러나는 것이다.

또 지능 등 두뇌의 다른 요소들을 동원해 읽기 문제를 해결하려고 노력하다가 잘못된 읽기 습관이 만들어지는 경우도 있다. 누군가 읽어주면 잘 이해하는데 자신이 읽으면 글의 내용을 이해하지 못하는 경우이다.

이처럼 난독증 증상은 매우 다양하게 나타난다. 아동에 따라 여러 가지 주요증상이 복합적으로 보이기도 하며, 한 가지 증상만 보이기도 한다. 따라서 증상만 보고 난독증 유무를 판단해서는 안 된다.

신경학적 정보처리의 과정

학습해야 할 정보는 눈, 귀 등 감각기관을 통하여 입력되고 좌·우뇌 등 두뇌 여러 부위의 협응으로 처리되며 말, 글, 행동으로 출력된다. 이것이 학습 관련 신경학적 정보처리 과정이다. 언어와 관계된 신경학적 정보처리 과정의 문제란, 말소리나 문자를 두뇌에서 인식하는 과정과 말이나 글로 표현하는 과정에서 오류가 생기는 것을 말한다.

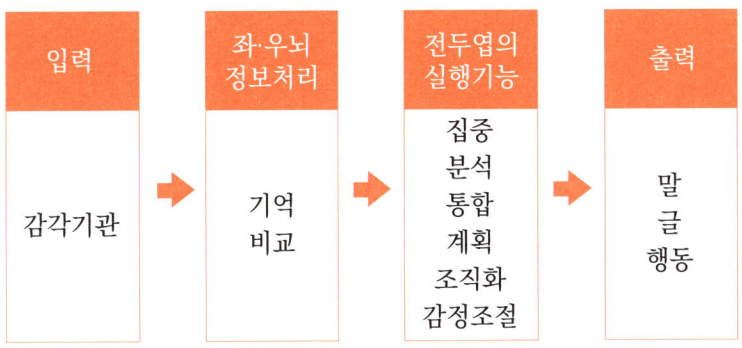

| 정보처리의 과정 |

학교에서 이루어지는 학습은 언어처리능력에 직접적인 영향을 받는 읽기, 쓰기, 듣기, 말하기가 중심이다. 운동신경이 부족한 경우 지능이

높아도 운동을 배우는 데 어려움이 있듯이, 언어처리와 관련된 신경학적인 문제가 있는 경우 지능이 높아도 학습에서 문제가 나타난다. 이것이 난독증이다.

'소음에 민감하다든지, 소음이 있는 곳에서는 다른 사람의 말을 알아듣는 데 어려움이 있다든지, 잘못 알아듣는 경우가 많다든지, 말할 때 발음이 명료하지 못하다든지, 자기 생각을 말로 표현하는 데 어려움이 있다든지, 목소리가 너무 크다든지' 하는 증상들은 언어와 관계된 신경학적 정보처리능력이 부족한 사람에게서 나타나는 난독증 증상이다.

그렇다고 언어처리와 관계된 신경학적 약점이 있을 때 모두 난독증이 나타나는 것은 아니다. 학습 시 자신의 약점을 지능 등 다른 요소로 보완하면 난독증은 나타나지 않는다.

난독증과 지능의 관계

난독증은 지능의 문제로 나타나는 증상이 아니다. 미국 정신과학회 진단분류체계 DSM-IV에서는 난독증을 '표준화 검사에서 읽기능력이 지능에 비해 기대되는 수준보다 현저하게 낮은 경우'라고 정의하여, 지능이 정상인데도 불구하고 읽기 부진이 나타나는 경우에만 난독증으로 분류하였다.

하지만 개편된 DSM-V에서는 난독증을 '지능지수가 70±5 이상으로, 생활연령에 비해 현저하게 읽기능력이 낮은 정도로 IQ, 환경, 불충분한 지도 등으로 설명하기 힘든 경우'라고 정의하였다. 지능지수 70은 하위 2%에 해당하는 낮은 지능이다.

즉, 지능이 매우 낮아 지적 장애(IQ 69 이하)로 분류되는 아동은 읽기 부진이 있어도 난독증으로 분류하지 않는다. 하지만 경계선 지능 이상인 경우라도 아동에게 나타나는 읽기 부진이 '부족한 지능, 환경, 불충분한 지도' 등으로 설명하기 힘든 경우에는 난독증으로 분류한다.

지능에 따라 난독증 아동이 보이는 학습, 학교생활의 차이

1. 지능이 높은 난독증 아동

초등학교 저학년 시기에는 학습에서 특별한 문제가 나타나지 않는다. 소음이 있는 곳에서는 필요한 말소리에 집중하는 능력이 부족해 주의산만한 모습을 보이는 경우가 있다. 하지만 맥락으로 이해하는 능력이 좋아, 물어보면 내용을 잘 대답한다. 인지에 대한 자신감도 높아 자기 의사를 잘 표현한다. 하지만 건성 듣고 건성 보는 습관으로 주의력이 부족하고, 아는 문제도 틀리는 경우가 있다. 선생님 입장에서는 머리는 좋은 것 같은데 열심히 노력하지 않는 것으로 보인다. 이들의 경우 학년이 올라 학습량이 많아지면 학습 부진이 나타나기 시작한다. 이런 경우 부모님이나 선생님은 학생이 열심히 안 해서 그렇다고 생각하기 쉬워 이로 인한 갈등으로 학생에게 불안과 우울 등의 학교 부적응이 나타나기 쉽다.

2. 평균적인 지능을 가진 난독증 아동

난독증이 나타나는 아동 중에 가장 많은 유형이다. 주의력, 사회성을 담당하는 두뇌 능력에 비하여, 학습의 기반이 되는 언어처리능력이 상대적으로 부족한 유형이다. 이들의 경우 학교생활이나 교우 관계에 잘 적응하는 모습을 보인다. 소음이 있는 곳에서 필요한 말소리에 집중하는 능력은 부족하나, 다른 사람의 감정이나 상황을 인식하는 주의력과 사회성을 담당하는 두뇌 기능이 좋아 차분히 수업을 듣는 모습을 보인다. 하지만 학습의 기반이 되는 언어처리능력이 약하기 때문에 학습의 효율성이 떨어진다. 이런 경우 열심히 하는데도 성적이 안 나온다는 평가를 받는다.

3. 지능이 낮은 난독증 아동

주의력과 사회성을 담당하는 두뇌 기능에 비하여 학습을 담당하는 언어지능이 매우 낮은 경우로, 저학년 때부터 학교 적응에 어려움이 나타나는 경우가 많다. 다른 사람의 감정이나 상황을 인식하는 지능에 비하여, 듣기, 읽기, 언어표현능력이 매우 부족하다. 따라서 주위의 친구들을 과도하게 의식하고, 자기 생각을 말로 표현해야 할 때 적절하게 대응하지 못하는 경우가 많다.

  수업 시간에도 소음이 있는 곳에서 필요한 말소리에 집중하는 능력이 부족하다. 새로운 지식을 가르치는 교사의 말을 정확히 알아듣는 힘도 부족하고, 수업을 이해하는 데 필요한 정보도 부족해 학습이 일어나지 않는다. 수업 시간에 멍하니 앉아 있거나, 수업이 지루해 딴짓을 하는 등 주의산만한 모습을 보이기도 한다. 조용한 ADHD로 오해받기도 한다.

난독증과 창의성

　난독증은 지능이 매우 높은 영재들에게서도 나타난다. 과제집중력과 창의성이 높은 영재들의 경우에는 신경학적 약점이 있는데도 글을 배우는 시기인 초등학교 저학년 때는 난독증으로 인한 어려움을 느끼지 않는다.
　이들이 어려움을 느끼는 시기는 학습량이 많아지고 학습이 어려워지는 고학년에 올라가서이다. 영재는 유창성, 융통성, 독창성, 정확성의 네 가지 능력이 남들보다 뛰어나다. 그런데 난독증이 있는 영재는 네 가지 효능 중 융통성과 독창성은 다른 영재보다 뛰어나지만, 유창성과 정확성이 부족하다. 유창성과 정확성은 많은 학습량을 해내는 데 꼭 필요한 능력이다. 이 능력이 부족한 난독증 영재들의 경우 학습량이 많아지는 고학년에 올라가면 학습에서 어려움을 느끼게 된다.
　역사적으로 매우 창의적이었던 사람으로 손꼽히는 에디슨, 아인슈타인, 레오나르도 다빈치 등도 난독증이 있었다. 그렇다면 난독증 아동은 일반 아동보다 창의성이 높을까? 그렇지 않다. 난독증 아동 중에는 창의성이 높은 아동도 있지만 그렇지 않은 아동도 많다. 창의적인 영재가 나타나는 비율은 일반 아동 중에 창의성이 높은 영재가 나타나는 비율과 차이가 없다.
　신경학적 학습의 과정을 살펴보면 학습해야 할 정보는 눈, 귀 등 감각기관을 통해 입력되고, 좌·우뇌 등 두뇌 여러 부위의 협응을 통하여 처리되어, 말, 글, 행동으로 출력된다. 일반적으로 신경학적 정보처리 능력은 지능과 비례하는 것으로 알려져 있다.

하지만 난독증이 있는 영재들은 이 과정의 정확성과 유창성이 자신의 지능에 비하여 떨어지며, 이 문제를 해결하기 위하여 두뇌에 입력된 정보를 내가 이미 알고 있는 지식을 활용하여 재편집하여 보완하다 보니, 융통성과 독창성은 오히려 좋다. 문제는 아무리 생각의 융통성과 독창성이 좋아도 정보처리의 정확성과 유창성이 부족한 경우 창의적인 사람으로 자라나기 어렵다는 것이다.

창의성이 높은 영재들이 창의적인 사람으로 잘 자라날 수 있도록, 그들의 약점인 정보처리의 정확성과 유창성을 길러 주는 것이 현명하다.

난독증은 질병인가?

 난독증 강의를 하다 보면 '난독증은 질병인가'라는 질문을 종종 받는다. 난독증이란 용어가 질병명처럼 들리기 때문일 것이다. 결론부터 말하면 난독증은 질병이 아니다.
 WHO(세계보건기구)에서는 난독증을 질병이 아니라 증후군이라 정의하였다. 증후군이란 '내면화된 심리적, 신체적 장애 또는 심리·사회적 문제가 생길 가능성을 나타내는 지표'를 말한다. 흔히 알려진 증후군 중에는 월요병 증후군이 있다. 주초인 월요일에 컨디션이 나빠지고, 일요일 밤에 쉽게 잠들지 못하고 회사나 학교에 가기 싫어지는 등의 일요일 저녁부터 월요일까지 일어나는 특유의 심신 부진을 말하는 것으로, 이러한 증후군이 나타나는 이유는 사람마다 다르다. 이렇게 하나의 원인이 아니라, 여러 가지 상황이 복합적으로 작용하여 문제 증상으로 나타나는 것을 증후군이라 정의한다. 즉, 난독증은 언어처리와 관련된 신경학적 약점이 있는 상태에서, 여러 가지 상황이 복합적으로 작용하여 나타나는 '읽기 어려움'이다.

 난독증은 질병이 아니며, 난독증이 나타난다고 지능이 낮은 것도 아니다. 그러니 자녀에게 나타나는 학습 부진의 원인이 난독증 때문이라는 말을 듣고 놀랄 필요는 없다. 만약 자녀가 글을 배우는 데 어려움을 겪고 있거나, 읽고 이해하는 데 어려움을 겪고 있는데 난독증이 원인이라는 말을 듣는다면 오히려 다행이라고 생각해야 한다.

자녀에게 난독증이 있다는 말은 현재 자녀에게 나타나는 증상이 지능이 낮아서 나타나는 것이 아니라 다른 요인이 있다는 것으로, 지능이 낮은 경우와 달리, 조금만 도와주면 쉽게 좋아질 수 있다는 뜻이다.

예를 들어, 운동을 배우는데 운동신경이 매우 부족한 경우 반복해서 배워도 제대로 배우기 힘들다. 하지만 발을 벤 상태에서 발이 아파 운동을 제대로 배우지 못하는 경우라면 발이 낫도록 치료하면서 천천히 가르치면 제대로 배울 수 있다.

즉, 학습 부진이 나타나지 않는다면 좋겠지만 이미 학습에서 어려움을 겪고 있는 경우라면, 난독증으로 학습 부진이 나타난다는 소식은 나쁜 소식이 아니다. 문제가 있는데 원인을 알 수 없다면 또는 원인을 알아도 개선할 방법이 없다면 그건 매우 걱정스러운 일이다. 그러나 원인도 알고 그 원인을 개선할 방법도 있다면 걱정할 필요가 없다. 학습 부진을 일으키는 난독증은 복합적으로 나타나는 문제이지만, 현재 핵심적인 원인이 밝혀진 상태며 적절한 지도를 통하여 개선할 수 있다.

02
난독증의 원인

- 난독증과 시지각의 관계
- 음운인식 부족과 두뇌 여러 부위의 협응 문제
- 다문화 가정 아동의 난독증

난독증과 시지각의 관계

f-MRI를 이용하여 읽기 시 두뇌에서 이루어지는 신경학적 정보처리 과정을 연구한 결과, 난독증은 시각적인 문제가 아니라 언어처리와 관련된 문제로 나타난다는 것이 밝혀졌다.

읽기 분석기(Read Analyzer)는 읽기 시 안구의 움직임을 추적, 기록하여 독서 능력을 분석하는 장비이다. 이 장비로 읽기 시 안구의 움직임을 추적하면, 정상적인 아동과는 달리 난독증 아동은 양 눈의 움직임이 비정상적인 경우가 많다. 이런 검사 결과만 본다면 시각적인 문제로 난독증이 나타난다고 착각하기 쉽다. 하지만 그렇지 않다.

난독증 아동의 경우 읽기검사에서는 비정상적인 안구 움직임을 보이지만, 문자가 아닌 화살표를 추적하는 검사에서는 정상적인 안구 움직임을 보인다. 즉, 시각의 문제로 난독증이 나타나는 것이 아니라, 난독증으로 인한 읽기 어려움으로 읽기 시 양 눈의 움직임을 조절하는 능력이 순간적으로 떨어져, 비정상적인 안구 움직임을 보이는 것이다. 글자를 거꾸로 읽거나 다르게 읽는 경우도 시각의 문제로 나타나는 증상이 아니라, 문자를 말소리로 인식하는 과정의 어려움으로 나타나는 증상이다.

한 가지 주의해야 할 점이 있다. 난독증이 시지각의 문제로 나타나지 않는다는 말을 시지각의 문제로는 읽기 부진이 나타나지 않는다는 말로 오해하면 안 된다. 시지각에 문제가 있다면 이로 인해 읽기 부진이 나타날 수 있으며, 두뇌 정보처리 과정에 문제가 있어 나타나는 모든 증상을 난독증으로 보는 광의의 관점에서 본다면 시각적인 문제로 나타나는 읽기 부진도 난독증에 해당한다.

하지만 읽기 부진이 시지각의 문제로 나타나는 경우는 소수이며, 이들 또한 시지각적인 문제와 함께 언어적인 문제를 가지고 있는 경우가 대부분이기에, 난독증은 시지각적인 문제가 아니라 언어처리와 관련된 문제로 나타난다고 보고 있다.

음운인식 부족과
두뇌 여러 부위의 협응 문제

뇌 과학이 발전하면서 난독증이 있는 사람은 읽기 시 일반인과 달리 수용성 언어영역에서 문자에 해당하는 음운을 불러내는 데 문제가 있으며, 이로 인해 난독증이 나타난다는 것이 밝혀졌다. 원인은 두 가지다.

첫째, 난독증 아동은 음운인식의 부족으로 문자에 해당하는 음운표상이 좋지 못하다. 눈이 문자를 보았을 때, 문자에 해당하는 음운을 불러내는 데 지연이 나타난다. 우리가 영어로 된 문장을 읽을 때, 아는 단어로 이루어져 있어도 매끄럽게 빨리 읽지 못하는 것과 같다.

둘째, 읽기는 두뇌 여러 부위의 협응을 통하여 이루어지는데 난독증 아동은 이 부분에 문제가 있다. 읽기는 문자를 인식하는 영역, 표현성 언어영역, 수용성 언어영역, 내용을 이해하는 영역 등 서로 다른 역할을 하는 두뇌 여러 영역의 협응을 통하여 이루어진다. 즉, 글을 읽을 때 두뇌 여러 협응 부위의 박자가 맞아야 한다. 그런데 난독증 아동은 읽기 시 음운인식에 문제가 없음에도 불구하고, 눈이 문자를 보았을 때 문자에 해당하는 음운을 불러내는 데 지연이 나타나는 것이다.

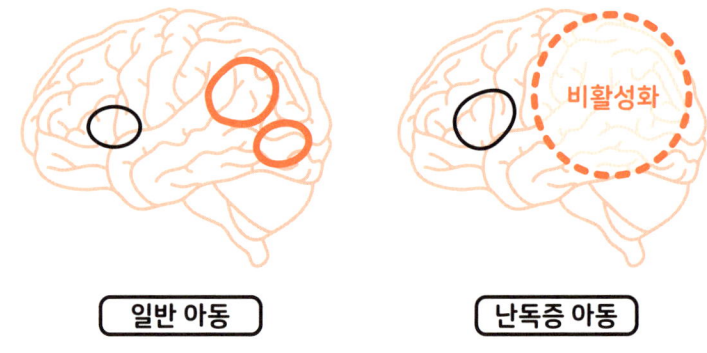

| 읽기 시 난독증 아동의 읽기 회로 비활성화 |

두뇌 여러 부위의 협응 능력이 떨어질 때 나타날 수 있는 현상은 다음과 같다.

- 긴 단어를 말하는 것이 어렵다.
- 비슷한 단어를 구별하는 것이 어렵다.
- 글자와 숫자를 배우는 것이 어렵다.
- 자주 넘어지고 부딪치며 공을 차는 것이 어렵다.
- 공간이나 시간을 구별하지 못하거나 헷갈릴 때가 있다.
- 단추를 잠그는 일 등 미세한 근육으로 하는 일이 어렵다.
- 지시사항을 다른 사람에게 잘 설명하지 못한다.

1) 음운인식 부족

   음운인식은 하나의 말소리가 '음절 또는 음운'의 더 작은 소리로 이루어져 있다는 것을 아는 능력으로, 음운표상이 좋아야 음운인식력이 발달한다. 음운표상이란 하나의 말소리를 듣거나, 말을 할 때 반응하는 신경망의 조합이다.

   예를 들어, "자동차"란 말소리를 듣거나, [자동차]로 말하거나, 실제로 자동차를 보거나, '자동차'라고 쓰여 있는 단어를 보면서 마음속으로 [자동차]를 말소리로 연상할 때 반응하는 신경망의 조합이 말소리 [자동차]에 대한 음운표상이다.

   음운표상은 학습된 능력이다. 출생 후 이루어지는 두뇌 발달과정 중에 감각-운동의 통합 발달을 기반으로 발달한다. 우리나라 사람은 우리말에 대한 음운표상이 자연스럽게 이루어진다. 일반적으로 인지능력이 좋은 사람일수록 음운표상이 더 정교하게 발달한다. 하지만 난독증이 나타나는 사람은 자신의 인지능력에 비하여 음운표상이 좋지 못하다.

   음운표상은 발달과정 중에 다른 사람의 말소리를 들으며 자연스럽게 형성되는 능력이다. 음운표상이 잘 발달하기 위해서는 다른 사람의 말을 귀 기울여 들어야만 한다. 난독증이 있는 사람이 음운표상이 좋지 못한 이유는 발달과정 중에 정확히 인식한 우리말의 양이 적기 때문이다.

예를 들어, 어려서 중이염을 자주 앓았거나, 발음이 좋지 못한 보호자 밑에서 자란 경우는 아동의 의지와 상관없이 음운표상이 제대로 발달하는 데 어려움이 있다. 다문화 가정의 자녀에게서 난독증이 높게 나타나는 이유도 여기에 있다.

중이염을 앓은 적도 없고 보호자의 발음에 문제가 없는 경우에도 음운표상의 발달에 문제가 생길 수 있다. 청각 정보처리능력이 부족한 경우다.

예를 들어, [바] 소리와 [다] 소리를 들려주고 구분하라고 지시하면 우리나라 사람 대부분이 쉽게 구분할 수 있다. 그런데 소리 분석기로 분석해 보면 [바] 소리와 [다] 소리는 앞부분 0.04초만 다르고 그 뒤로 들리는 소리는 같은 소리다. 즉, 우리는 0.04초만 차이가 있는 [바] 소리와 [다] 소리를 구분하는 것이다. 이것이 가능한 이유는 두뇌에 이미 [바] 소리와 [다] 소리에 대한 음운표상이 정확히 만들어져 있기 때문이다.

그렇다면 영유아들을 대상으로 [바] 소리와 [다] 소리를 들려주고 구분하게 하면 어떤 결과가 나올까? 구분하는 아동도 있고, 구분 못 하는 아동도 있을 것이다. 말소리의 빠른 변화를 인식하는 청각 정보처리능력과 소음이 있는 곳에서 사람의 말소리에 집중하는 청각 정보처리능력에 따라 다르다. 청각 정보처리능력이 매우 부족한 경우 언어발달에 지연이 나타난다.

음운표상이 좋은지 나쁜지 확인하는 방법도 있다. 약간의 소음이 있는 곳에서 아주 작은 말소리를 들려주고 정확히 인지하는 비율이 얼마나 되는지를 평가하는 것이다. 음운표상이 좋은 경우에는 약간의 소음이 있는 곳에서 작게 들려주는 말소리도 정확하게 알아들을 수 있다. 일반적으로 난독증이 있는 사람은 말소리를 청취하는 능력이 떨어진다.

두뇌 발달과 시각·청각 정보처리 시스템의 관계

우리 몸에서 눈의 역할은 매우 중요하다. 하지만 집중력 발달에 있어서는 시각 정보처리 시스템보다는 청각 정보처리 시스템의 역할이 중요하다. 시각 정보는 현재 앞에 보이는 것만 본다. 하지만 청각 정보는 뒤에서 들리는 것, 옆에서 들리는 것, 멀리서 들리는 것, 가까이서 들리는 것 등 모든 방향에서 나는 소리를 듣는다. 즉, 내가 듣고자 하는 소리만 들리는 것이 아니라 주변에서 나는 모든 소리가 들린다.

집중력이 잘 발달하기 위해서는 들려온 소리 중에 들어야 할 소리에만 집중할 수 있는 기술이 필요하다. 약간의 소음이 있는 강의실에서 강의를 듣고 있는 상황을 생각해 보자. 여러분은 강사를 바라보며 강사가 하는 말에 집중하고 있다. 그런데 갑자기 옆에서 이상한 소리가 들리면 여러분은 무의식중에 소리가 나는 방향으로 머리를 돌리고 쳐다볼 것이다. 즉, 눈이 청각 시스템이 지시한 방향으로 움직인다. 만약 청각 정보처리 시스템 발달에 문제가 있어 들려온 소리 중에 들어야 할 소리에만 집중하는 기술이 부족한 경우에는 어떻게 될까? 주변의 소리에 너무 민감하게 반응하여 예민하고, 주의가 자주 흐트러지며, 소음이 있는 환경에서는 학습에서 어려움이 나타난다.

청각 정보처리 시스템의 발달에 문제가 있는 경우, 좌·우뇌 균형 발달에도 문제가 나타나게 된다. 이런 아동은 눈이 청각 정보처리 시스템의 지시를 잘 따르지 않아, 시선 맞춤이 잘 이루어지지 않는 등 주의산만한 모습으로 비추어지기 쉽다.

2) 두뇌 여러 부위 협응의 부족 (좌·우뇌 협응의 문제)

두뇌가 정보를 처리하는 방법에는 두 가지가 있다. 하나는 좌뇌 주도로 언어적, 분석적, 순차적, 사실적으로 정보를 처리하는 방식이며, 또 하나는 우뇌 주도로 전체적, 통합적, 맥락적으로 정보를 처리하는 방식이다. 두뇌가 잘 발달하기 위해서는 좌·우뇌 정보처리능력이 균형 있게 발달해야 한다. 좌·우뇌 협응이 부족한 경우 난독증이 나타나는데, 난독증은 주로 우뇌 주도로 이루어지는 전체적, 통합적, 맥락적으로만 정보를 처리하려는 성향이 강한 아동에게서 나타난다.

좌·우뇌 협응의 문제로 난독증이 나타나는 사람들의 경우, 청각 정보처리능력 중에서 말소리의 빠른 변화를 인식하는 능력에는 문제가 없는 경우가 종종 있다. 하지만 이러한 성향이 있는 아동은 다른 사람의 말을 건성 듣는 습관이 생기기 쉽다. 건성 듣는 습관이 있는 경우 자라면서 무의식 영역에서 소음과 사람의 말소리를 구별하는 청각처리능력이 제대로 길러지지 않아, 음운표상 발달에 좋지 않은 영향을 받는다.

또한 이러한 습관이 있는 사람은 신체 움직임과 관련된 두뇌 여러 부위의 협응 능력도 떨어진다. 좌·우뇌가 협응하여 정보를 처리해야 하는데, 우뇌 주도로만 정보를 처리하는 경향이 심하다 보니, 두뇌 여러 부위의 협응 능력이 제대로 자라나지 않아, 신체를 움직이는데 필요한 협응 능력도 떨어지게 되는 것이다. 글을 배우는 데 어려움이 있는 아동이 단추를 잠그는 일 등의 미세근육조절 능력이 떨어진다면 발음에 특별한 문제가 없다 하더라도 난독증을 의심해야 한다.

좌·우뇌 협응 부족은 감각 통합 발달의 결과다.

  두뇌 기능의 발달은 감각 통합 발달을 통해 이루어지며, 좌·우뇌 협응이 부족한 이유 또한 감각 통합 발달의 부족으로 생긴다. 출생 초기 감각 통합 발달에 문제가 있으면, 두뇌에서 인식된 시각 정보와 청각 정보가 일치하지 않아 인지 단계에서 혼란이 발생한다. 이때 두뇌는 문제를 해결하기 위하여 한쪽에서 오는 정보를 포기하고 한쪽 정보만 이용하여 프로세싱하게 된다.

  예를 들면, 출생 후 4개월까지는 좌·우 양쪽 눈에서 입력되는 시각 정보가 서로 다르다. 하지만 출생 후 4개월이 지나면 좌·우 양쪽 눈에서 입력되는 시각 정보는 하나의 정보로 통합되어 인지된다.

  만약 이 시기가 지났는데도 좌·우 양쪽 눈에서 입력되는 시각 정보가 하나로 통합되지 않고 서로 다른 정보가 입력되면, 인지 단계에서 혼란이 생긴다. 두뇌는 이러한 문제를 해결하기 위하여 좌·우 양쪽 눈으로 입력되는 정보 중에서 한쪽 눈에서 오는 정보를 포기한다. 이런 경우에 사시가 생긴다. 즉, 사시는 감각 통합 발달의 문제로 인지 단계에서 나타나는 혼란을 해결하기 위해 두뇌가 한쪽 정보만을 처리하기로 선택한 결과이다. 수술로 사시를 고쳐 주면 정보처리능력이 향상될까? 안타깝게도 눈이 정상적으로 움직여도 뇌는 여전히 전처럼 포기한 쪽에서 오는 정보는 무시하는 것으로 밝혀졌다.

  위 예처럼 두뇌 발달과정 중에 감각 통합에 문제가 있어, 한쪽으로 인식된 정보 중심으로 정보를 처리하면 문제가 생긴다. 한쪽으로만 정보를 처리하면 시간이 지날수록 정보를 처리하는 능력의 격차가 커진다. 그리고 차이가 크면 클수록 협응 능력은 떨어진다. 이러한 정보처리능력의 차이는 무의식 영역에서 이루어지기 때문에, 의식적으로 집중하면 약점을 보완할 수는 있을지 몰라도, 효율이 떨어지고 두뇌가 느끼는 피로도도 높다.

길눈은 매우 밝지만, 다른 사람의 얼굴을 기억하는 것은 매우 어려워하는 사람이 있다. 이 사람은 길을 관찰하고 기억하는 능력은 뛰어나지만, 그 정보를 파악하느라 지나간 사람의 얼굴이나 주변 사물은 잘 기억할 수가 없다. 시간이 지날수록 이런 정보 집중의 편향은 강화된다.

이런 경우는 새로운 모임에 가입하는 것을 불편해한다. 몇 번 본 사람도 얼굴과 이름을 기억하기 어려워 실수할까 두렵기 때문이다. 그래서 처음 보는 사람을 만나면 상대방의 얼굴을 기억하려 의식적으로 노력하지만, 시간이 지나면 상대방의 얼굴이 잘 생각나지 않는다.

다문화 가정 아동의 난독증

　다문화 가정의 아동은 일반 아동보다 난독증이 나타날 확률이 높다. 연구에 의하면 언어발달의 기초는 태아 시기부터 만들어진다. 태아는 임신 5개월부터 소리를 듣는다. 이 시기의 태아는 어머니의 목소리를 들으며 어머니가 쓰는 언어의 패턴을 경험하게 된다. 이런 지속적인 경험을 통하여 태아는 언어를 처리하는 데 필요한 기초 기술을 습득한다. 그리고 이를 기반으로 출생 후 언어의 부호화가 이루어져, 여러 가지 소리 중에 사람의 말소리에 집중하는 능력이 형성된다.

　어머니의 모국어가 한국어가 아닌 다문화 가정의 경우, 태아 시기에 우리말이 아닌 어머니 모국어의 패턴을 접하면서 그 언어에 집중하는 데 필요한 기초 기술을 습득하게 된다. 게다가 어머니의 한국말이 서툴러 아동은 성장하면서 정확한 우리말을 접할 기회가 일반 아동보다 적다. 이런 까닭에 우리말의 패턴을 인식하고 우리말에 집중하게 하는 시스템이 제대로 발달하기 어려운 것이다.

　난독증은 음운인식의 부족으로 나타난다. 음운인식능력은 음성언어의 구성요소인 소리의 작고 빠른 변화를 처리하는 능력에 크게 의존한다. 다문화 가정의 아동은 우리 언어의 패턴을 인식하고 처리하는 능력이 부족하기에 난독증이 나타날 확률이 높은 것이다.

　다문화 가정의 아동에게 나타나는 음운인식 부족은 단지 읽기 문제에만 국한되지 않는다. 수업 시간에 선생님이 하는 말에 집중해야 학습이 이루어지므로 우리말에 대한 음운표상이 명료해야 한다. 하지만 다문화 가정의 아동은 우리말에 대한 음운표상의 발달이 부족하다. 따라서 이들은 같은 지능을 가진 일반 아동보다 학습에 더 어려움을 느낀다. 이러한 다문화 가정의 아동을 효과적으로 도와주기 위해서는 이들이 느끼는 어려움의 원인을 제대로 인식하고, 그에 알맞은 지원을 해야 한다.

03
난독증 증상과 심리

■ 난독증과 심리적 증상
■ 난독증과 분리불안
■ 난독증과 시각적 불편 증상
■ 난독증과 우울증
■ 난독증과 틱
■ 난독증 개선과 자신감

난독증은 심리적인 문제로 나타나지 않는다. 난독증은 음운인식 부족과 언어처리와 관련된 두뇌 여러 부위의 협응 부족으로 나타난다. 그렇다고 난독증이 일어나는 과정에 심리적 요인이 전혀 관련 없는 것은 아니다.

　글을 배우는 단계에서 음운인식의 부족으로 일정 기간 지속적으로 글자를 배우는 데 어려움을 느끼면, 아동은 글을 배우는 행위에 강한 심리적 거부감이 생긴다. 글을 배우는 과정에서 어려움을 겪는 아동의 모습에 글을 가르치는 부모님이나 선생님은 크게 실망한다. 이때, 부모님이나 선생님의 화내거나 실망하는 모습은 아동에게 불편한 감정적 기억을 만든다.

　두뇌는 생존시스템이다. 불편한 감정과 연합되어 기억된 정보와 유사한 정보가 두뇌에 입력되면 두뇌는 생존의 위협으로 받아들인다. 이러한 정보는 이성의 뇌에서 처리되지 않는다. 감정의 뇌가 회피 또는 투쟁 반응을 일으켜 처리한다.

　그런 까닭에 글을 배우는 행위에 대한 불편한 감정적 기억이 있는 아동은 글을 배울 때 감정의 뇌에서 회피 또는 투쟁이라는 감정적 반응이 일어난다. 회피 반응이 일어나면 부모님이나 선생님이 아동에게 글을 아무리 열심히 가르치려 노력해도 아동에게 학습이 일어나지 않는다. 글을 가르치려는 순간부터 아동의 두뇌는 '멍'해져 전혀 집중하지 못하기 때문이다. 투쟁 반응이 일어나면 과도한 긴장으로 두통, 복통 등의 신체 증상이 나타날 수 있다.

한편, 잠재적으로 난독증 발생 요인을 가지고 있다고 해도 잘 드러나지 않는 경우가 있다. 지능이 높고 보상회로가 좋은 경우에는 글을 배우는 과정에서나 읽은 내용을 이해하는 데 특별한 문제가 없으며, 이런 아동은 성적도 좋다. 잠재적으로 난독증 발생 요인을 지니고 있지만, 학습이 쉽게 이루어져 두뇌가 스트레스를 느끼지 않는 상태이다. 이런 경우에는 난독증과 관련한 특별한 증상이 나타나지 않는다.

문제는 이런 아동이 고학년에 올라갔을 때 나타난다. 저학년 때는 읽어야 할 양도 적고 내용도 쉽기 때문에, 잠재적인 난독증 발생 요인을 가지고 있어도 학습에 어려움이 없다. 하지만 학년이 올라가 배워야 할 양도 많아지고, 개념도 어려워지고, 또 자신처럼 지능이 높은 학생들과 경쟁하게 되면서 학습에 어려움을 느끼기 시작한다.

이때 아동은 학습 실력이 비슷했던 친구들에게 뒤처지는 것에 심한 스트레스를 받는다. 난독증을 이해 못 하고 혼만 내는 부모님이나 선생님의 모습은 아동의 두뇌에 강한 스트레스로 작용한다.

이런 학습에 대한 부정적인 감정적 기억은 아동에게 회피 또는 투쟁 반응을 일으킨다. 회피 반응이 일어난 학생은 공부하려 하지 않는다. 공부할 필요도 못 느끼고 자기는 공부를 싫어해 안 하는 것으로 생각한다. 고학년이 되면 부모님이 억지로 시키기도 어렵다.

반면에, 투쟁 반응이 일어난 학생은 예민해진다. 성적은 어느 정도 유지하지만 한 만큼 성적이 안 나와서 초조해한다. 시험 불안이 나타나 시험 볼 때면 두통, 복통 등의 신체 증상을 호소한다. 심한 경우 점점 더 강박적인 모습을 보이며 사고의 유연성이 떨어져, 유연한 사고를 필요로 하는 고등학교 때 학습에서 심한 학습 부진이 나타난다.

난독증과 심리적 증상

두뇌는 하위 뇌, 중위 뇌, 상위 뇌의 3층 구조로 이루어져 있다. 하위 뇌는 생존을 담당한다. 중위 뇌는 감정·본능·생존을 담당하고, 상위 뇌는 지성과 이성을 담당한다. 학습이 효율적으로 이루어지기 위해서는 하위 뇌나 중위 뇌가 아니라 지성과 이성을 담당하는 상위 뇌가 활성화되어야 한다.

학습은 관심으로 시작된다. 하지만 새로운 학습이 이루어지기 위해서는 집중이 필요하다. 적당한 노력과 집중으로 학습이 이루어지면 두뇌는 만족감을 느끼고 더 많은 학습에 도전한다. 하지만 적당히 노력했는데도 학습이 이루어지지 않는다면 두뇌는 흥미를 잃고, 더는 학습에 관심을 가지지 않게 된다. 즉, 학습에 지속적인 관심을 가지고 집중하기 위해서는 두뇌 기능이 좋아야 한다.

두뇌에서 이루어지는 학습의 과정은 학습할 정보가 감각기관을 통하여 입력되고, 전두엽의 지휘 아래 두뇌 여러 부위의 협응으로 처리되어 말, 글, 행동으로 표현된다. 이 과정의 효율성이 좋아야 적당한 노력과 집중을 했을 때 학습이 이루어진다. 이 과정에 문제가 있다면 두뇌는 학습에 흥미를 잃게 된다.

두뇌에서 이루어지는 학습의 과정은 다음과 같다.

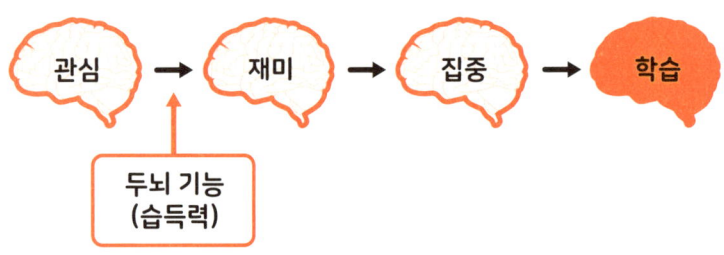

| 두뇌 기능의 중요성 |

　난독증 아동은 언어처리와 관련된 두뇌 기능이 좋지 못해 글을 배울 때나 읽기 과정에서 스트레스를 받는다. 두뇌는 스트레스를 받으면 감정·본능·생존을 담당하는 중위 뇌가 활성화되고 그에 대응하는 신체 반응이 일어나서 감정적인 기억을 담당하는 편도에 기억된다. 그런데 편도에 기억되는 정보는 실제 일어났던 사실적인 내용을 기억하는 것이 아니다. 스트레스를 받을 때 느낀 시각, 청각, 촉각, 미각, 후각 등의 감각 정보와 스트레스에 대응했던 자기의 신체 반응이 연합하여 기억된다. 그리고 후에 스트레스를 받을 때 느낀 정보와 유사한 정보가 입력되면, 자신도 모르게 스트레스에 대응했던 신체 반응을 일으킨다.
　스트레스에 대응하는 이러한 두뇌 반응은 생존에 유리하도록 진화한 과정의 산물이다. 가령, 사냥을 나갔을 때 누린내가 난 후 바로 늑대의 습격을 당한 경험이 있는 사람은, 다음 사냥 때 누린내가 나면 생존에 유리하도록 이성적으로 뇌가 위험을 판단하기 전에 무의식적으로 몸을 피한다.

하지만 이러한 반응은 여러 가지 문제를 일으킨다. 예를 들어, 맛있게 생긴 복숭아를 먹고 있는데, 어머니가 그 복숭아는 누나를 주려고 남긴 건데, 왜 먹었냐고 나무랐다고 하자. 그때 마음이 불편해진 아동이 한입 베어 먹은 복숭아에서 벌레가 반쯤 잘려 움직이는 모습을 보았고, 아동은 급체해서 몸에 두드러기까지 생겼다. 이런 경우, 두드러기는 급체로 생긴 몸 안의 독소를 해결하려는 면역반응으로 일어나는 것이다. 그런데 몇 개월 후 어머니가 맛있는 복숭아를 줘서 먹었더니 체하지 않았는데도 두드러기가 생겼다. 왜 그럴까?

그 이유는 감정의 뇌가 급체했던 당시의 정보를 사실적인 내용이 아니라, 스트레스를 받을 때 인식된 오감(시각, 청각, 촉각, 미각, 후각) 정보와 두드러기를 일으킨 신체 반응을 연합하여 기억해 냈기 때문이다. 복숭아라는 정보가 입력되었을 때 자신도 모르게 스트레스에 대응했던 신체 반응이 일어난 것이다. 그리고 이 과정이 반복되면 복숭아를 먹지 않고 만지기만 해도 두드러기가 나타난다. 감정적 기억에 대한 반응이 확장되는 것이다.

■ 정보의 이동
감각기관(눈, 귀) → 뇌간 → 시상 → 전두엽

■ 감정적 스트레스
편도에 저장(불편한 감정 + 근육 긴장 + 심장 박동수 증가)

■ 유사한 감정적 기억 정보로 인한 정보처리 악순환
신체 반응(근육 긴장, 심장 박동수 증가 등) → 다시 전두엽으로 피드백
되어 스트레스로 작용 → 감정의 뇌 → 신체 반응(근육 긴장, 심장 박동수 증가)

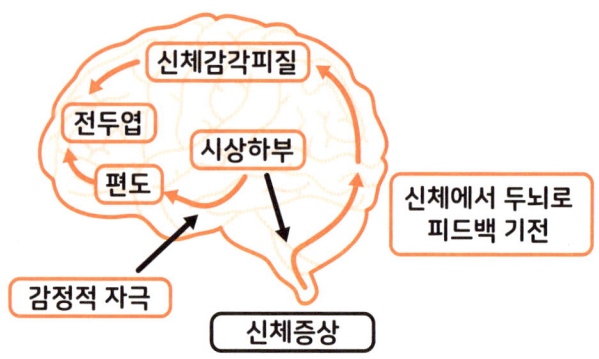

| 정보의 이동 경로 |

 감각기관을 통해 입력된 정보는 뇌간-시상을 거쳐 전두엽에 보고되며, 전두엽은 필요한 두뇌 여러 부위를 지휘하여 해당 정보를 처리한다. 이렇게 입력된 정보가 처리되면 두뇌는 만족감을 느낀다. 하지만 감정 기억과 관련된 정보의 처리 방식은 이와 다르다. 감정적 스트레스를 받으면 감정의 뇌인 편도에 감정 기억을 일어나게 한 상황과 그에 대응하기 위하여 일어났던 신체 반응(근육 긴장, 심장 박동수 증가 등)을 연합하여 기억한다.

 그리고 이렇게 기억된 정보와 유사한 감정적 자극이 오면, 전두엽이 아닌 감정의 뇌에 보고되어 감정적 정보에 대응하여 일어났던 신체 반응이 일어난다. 이러한 신체 반응은 다시 전두엽으로 피드백되어 스트레스로 작용한다.

 이렇게 되면 이성의 뇌인 전두엽은 마비되고 감정의 뇌인 편도만 과

활성된다. 즉, 유사한 감정적 기억 정보→신체 반응(근육 긴장, 심장 박동수 증가 등)→다시 전두엽으로 피드백되어 스트레스로 작용→감정의 뇌→신체 반응이라는 악순환이 일어나 전두엽은 마비되며, 상황이 반복되면 이러한 정보처리 패턴이 고착된다.

난독증에 대한 심리적 기억과 신체 반응도 이와 같다. 두뇌는 스트레스를 받았을 때 회피하거나 투쟁하는 반응 중 하나를 선택한다. 글을 배우는 과정에서 부모님이나 선생님이 강압적인 모습을 보였다면 난독증 아동은 글을 배우는 행위에 불편한 감정적인 기억이 생겨 불안, 긴장, 두려움 등의 신체 반응이 나타나거나, 글에 관심이 없고 집중하지 않는다.

글을 배우는 과정에서 부모님이나 선생님이 강압적인 모습을 보이지 않았더라도 마찬가지 상황이 발생할 수 있다. 다른 아이들만큼 어느 정도 노력했는데도 잘되지 않는다면, 부모님이나 선생님이 아무리 괜찮다고 말해 줘도 글을 배우는 행위는 스트레스가 된다. 불안, 긴장, 두려움 등의 신체 반응이 나타나거나, 글에 관심을 잃고 집중하지 않게 된다. 그리고 시간이 지날수록 이러한 반응이 고착된다.

난독증 아동이 느끼는 글을 배우는 것에 대한 불편한 감정은 읽기 발달의 전 과정에 악영향을 미친다. 난독증 아동이 글을 배우는 것에 어려움을 느끼는 이유는 지능에 비하여 언어처리능력이 부족하여 말소리가 덜 익숙하기 때문이다. 이들은 생활 속에서 보이는 지능에 비하여, 말소리처리능력이 부족하다.

말소리처리능력은 시간이 지나면 점점 향상된다. 즉, 글을 처음 배울 때는 준비가 덜 되었더라도 일정 시간이 지나면 난독증 아동의 말소리 처리능력도 글을 배울 준비가 된다.

하지만 글을 배우는 것에 대한 불편한 감정이 있다면 문제가 생긴다. 글을 배우는 것에 관심을 보이지 않으며, 글을 배운 이후에도 읽기를 좋아하지 않는다. 이렇게 되면 읽기 유창성이 좋아질 수가 없다. 그래서 난독증 개선의 목표를 단지 글자를 정확히 읽는 데만 두어서는 안 된다.

아동이 읽기에 대한 두려움을 극복하게 하고, 내용을 이해하며 리듬감을 가지고 빠른 속도로 읽을 수 있는 능력과 책 읽는 것을 좋아하는 마음을 만들어 주는 데 목표를 두어야 한다. 이를 위해 난독증 아동의 두뇌 특성에 맞는 교육이 필요하다.

난독증과 분리불안

일반적으로 분리불안은 정상적인 소아기 발달과정이며, 생후 8개월에서 12개월 사이에 발생하여 2세 전후에 사라진다. 그러나 어떤 일로 강한 스트레스를 받은 일부 아동은 초등학교 시절에도 분리불안 증상을 겪는다.

사례_분리불안

초등학교 3학년에 올라가는 주희는 분리불안으로 어머니를 힘들게 했다. 그런데 어려서부터 주희에게 분리불안이 있었던 것은 아니다. 유치원에 입학하기 전에는 친구들과도 잘 어울리고 어머니가 없어도 활달하게 지냈다.

주희에게 분리불안이 나타난 것은 유치원에서 한글을 배우기 시작하면서였다. 평소 아기 발음은 약간 있었지만, 영리했던 주희가 어쩐 일인지 한글을 배우는 데 어려워하는 모습을 보였다. 그러더니 어느 날부터 유치원에 가기를 싫어하고, 어머니와 떨어지지 않으려 하였다. 어머니가 한글을 가르치려 해도 질색하며 예민해져 가르칠 수가 없었다.

초등학교에 입학해서도 마찬가지였다. 한글을 전혀 몰라서인지 학교에 가기를 싫어했다. 학교에서도 친구들과 잘 어울리지 못했으며, 어머니에 대한 애착은 더욱 심해졌다. 악몽을 자주 꾸고 어두운 밤이나 혼

> 자 있을 때는 지나치게 무서워하여, 어머니를 힘들게 하였다. 어머니는 주희가 한글을 몰라 학교에 적응을 못 하는 것 같아서 한글을 가르치고 싶었지만 가르칠 수가 없었다. 어머니나 선생님이 한글을 가르치려 하면 분리불안이 더욱 심해졌다.

주희는 한글을 배우는 과정에서 스트레스를 받았다. 유치원 때 친하게 지내던 친구가 한글로 쓴 편지를 주고는 답장을 달라고 했는데, 주희는 한글을 몰라 답장을 못 했다. 그런데 친구가 답장을 안 해 준다고 서운해했다. 어찌 보면 아이들 사이에서 흔히 일어날 수 있는 별것 아닌 일이다. 하지만 한글을 모르는 주희에게는 이 일이 강한 스트레스로 작용했다.

주희가 난독증 지원센터에 내원한 시기는 초등학교 1학년 여름방학이 시작되던 때였다. 상담에서 주희 어머니는 한글 가르치는 것도 중요하지만, 주희가 정서적으로 안정되는 것이 더 중요하다고 했다. 주희 같은 경우는 한글을 배우는 데 부정적인 감정적 기억이 있으며 이로 인해 한글을 배우려는 욕구가 크게 후퇴되어 있었다. 이런 아동에게 한글을 가르치려 하면 감정적 기억을 자극하여 분리불안만 강화하게 한다.

그래서 센터에서는 한동안 주희에게 한글을 가르치지 않았다. 소음이 있는 곳에서 사람의 말소리에 집중하는 능력을 길러 주기 위하여, 청지각훈련과 좌·우뇌 협응 능력을 기르는 밸런스 훈련만을 진행하였다. 그리고 충분히 안정된 모습을 보일 때부터 난독증 아동에게 맞는 읽기 지도를 진행하였다.

주희는 1년 이상 난독증 개선훈련을 받았다. 2학년 2학기에는 읽기도 곧잘 하고, 아기 발음도 없어지고, 어머니에 대한 지나친 애착도 사라지고, 학교에서 친구도 생기는 등 주희의 모든 부분에서 변화가 나타났다.

그런데 하루는 센터에서 주희를 담당하는 선생님이 주희 어머니가 아이의 받아쓰기 실력을 걱정한다고 전해 왔다. 아이에게 맞지 않는 방법으로 한글을 가르치려다가 분리불안 장애가 나타나 그렇게 고생했는데 벌써 맞춤법에 신경 쓰는 것이 염려되었다.

다행히 며칠 후 어머니는 주희가 혼자서 받아쓰기를 연습하더니 시험에서 80점을 맞았다고 했다. 자신감이 생기면 아이들은 스스로 학습을 해 나간다. 주희와 같은 아이들에게는 이런 성공적인 경험이 필요하다.

읽기가 익숙해지면 쓰기는 조금만 노력해도 잘할 수 있다. 너무 서두르지 말고, 읽기 유창성을 기르는 데 초점을 맞추는 것이 현명하다. 난독증 아동에게 정확한 맞춤법을 요구하는 경우, 아동이 받게 되는 지나친 스트레스가 읽기능력 발달에 좋지 않은 영향을 줄 수 있다.

난독증을 개선하려면 난독증 아동의 심리 상태부터 고려해야 한다. 심리가 안정되면 잘 읽을 수 있게 빨리 도와주어야 한다. 계속적인 실패가 심리적인 불안으로 이어지는 악순환이 만들어질 수 있기 때문이다.

난독증과 시각적 불편 증상

 난독증으로 읽기 어려움을 느끼는 학생 중에는 시각적인 불편을 호소하는 경우가 있다. 다음 글은 난독증으로 읽기 어려움을 느끼는 자녀를 둔 부모님이 보내주신 글이다.

편지_명수 어머니로부터

 안녕하세요.
저희 명수는 중학교 2학년입니다. 명수가 글을 읽을 때 글을 이해하기보다는 글을 보고 눈만 움직이는 것 같습니다. 천천히 읽을 때면 눈은 다음 단어를 보고 있는데 머리는 그전 단어를 생각하는 것 같고, 빨리 읽을 때면 글을 뛰어넘으며 읽습니다.
 아이의 말로는 눈을 움직이는 게 뻑뻑하고, 평소 생활할 때는 약간 초점이 안 맞는 느낌과 멍한 증상이 있다고 합니다. 수업 시간의 경우 어떤 과목은 집중하려고 아무리 노력해도 계속 하품이 나온다고 합니다. 덧붙여 말씀드리면, 다리 떨면서 읽으면 조금 잘 읽힌다고 합니다. 또한, 밝은 곳에서 책을 읽으면 눈이 많이 부시고 시각적으로 불편한 느낌이 든다고 합니다.
 병원에서 세부 검사를 해도 특이한 증세는 없었습니다. 주의력결핍증이 조금 있다는 진단을 받았을 뿐입니다. 어떻게 하면 개선되는지

> 궁금합니다.
>
>   - 명수 어머니 올림

  편지에서 명수 어머니의 답답한 마음이 느껴진다. 편지 내용을 보면 읽기 시 학생에게 나타나는 증상 중에는 읽기능력과는 상관이 없어 보이는 증상도 있다. 하지만 위 증상들은 모두 난독증과 관련된 증상들이다.

  글을 읽을 때 우리 뇌에서는 두 가지 과정이 동시에 일어난다. 글자를 읽어 내는 과정과 읽은 내용을 이해하는 과정이다. 읽기 시 눈이 글자를 보면 두뇌 언어영역에서는 글자에 해당하는 음운표상이 반응한다. 그런데 난독증 아동은 음운표상이 좋지 않아 이 반응이 느리다. 이 반응이 느리면 글자를 알아도 읽기에 어려움이 나타난다. 이 반응을 빨리하기 위해서는 글자를 읽어 내는 과정에 집중해야 한다. 읽는 과정에 집중하다 보면 내용 이해의 과정을 소홀히 하게 되어, 읽은 내용을 이해하지 못하는 증상이 나타나게 된다.

  이런 상황이 지속되면 아동에게 읽기는 곧 스트레스가 된다. 각성이 불안해지고 불편했던 감정적 기억과 신체 반응이 결합한다. 읽기 시 눈이 뻣뻣하다든지 두통과 피로감, 빛에 민감하다든지 하는 여러 가지 신체 증상은 읽기에 대한 불편한 감정이 만들어 내는 난독증 증상으로, 난독증이 개선되면 따라서 자연스럽게 개선된다. 참고로 난독증으로 이러한 신체 증상이 나타나는 학생들은 대부분 어느 정도 학습에 성취를 보였던 학생들이다.

  만약 초등학교까지 문제가 없었던 자녀가 중·고등학교에 올라가서는

전과 달리 글자를 줄 치며 읽는다든지, 손으로 짚어 가며 읽는 모습을 보인다면 특별한 신체 증상이 없더라도 난독증을 의심해야 한다. 특이한 신체 증상이 동반된다면 그만큼 더 문제가 있다는 뜻이다.

개선방법

이러한 신체 증상이 동반되는 경우, 개선하는 방법은 간단하다. 난독증 학생에게 맞는 읽기 지도 방법으로 읽기 유창성만 길러 주면 된다. 난독증의 증상은 여러 가지가 있을 수 있지만, 원인은 한 가지이다. 글자를 읽어 내는 데 어려움이 있다는 것이다. 난독증 학생에게 맞는 읽기 지도 방법으로 읽기 유창성을 길러 준다면 모든 증상이 사라진다.

난독증과 우울증

 지능이 높은 학생들은 난독증을 일으키는 신경학적 요인이 있어도 어려서는 글을 익히거나 읽고 이해하는 데 특별한 어려움이 없는 경우가 많다. 그래서 부모님이나 선생님도 이런 학생에게 난독증으로 인한 어려움이 있을 것이라고는 생각하지 않는다. 하지만 고학년에 올라가 학습량이 많아지면 이야기가 달라진다. 이들은 난독증으로 인한 어려움으로 성격이 점점 예민해지거나 공부를 등한시하는 모습을 보인다.

사례_공부를 잘하는 아이의 난독증

 고등학교 2학년인 수경이는 중학교 때까지는 공부를 매우 잘해 특목고에 입학했다. 하지만 특목고에 입학한 이후 여러 가지 어려움을 겪었고, 부모님과 상의하여 일반고로 전학했다. 수경이는 생활이 무너져 있었다. 밤늦게까지 게임을 하느라 아침에 늦게 일어나고 학교에 가서는 잠만 잤다. 그래서인지 특목고에서 일반고로 전학했지만 성적이 나아지지 않았다. 어머니에게 우울하다, 죽고 싶다는 말도 자주 했다. 6개월 전부터는 정신과에서 우울증으로 진단을 받아 심리치료도 병행하고 있다고 했다.

 검사 결과 수경이는 어음청취력이 부족했으며, 읽기 능력도 부족했다. 특이한 것은 수경이는 고등학생임에도 혀 짧은 소리(baby talk)로

> 말하는 경향이 있었다는 것이다. 참고로 유아기 시절에 혀 짧은 소리를 다른 아동보다 오래 했던 아동의 경우 난독증이 나타날 소지가 높은 아동으로 분류한다. 검사 결과를 종합하여 판단해 볼 때 수경이는 잠재적으로 난독증 발생 요인이 있었지만, 지능이 높아 학습에서 어려움을 못 느끼다가 특목고에 입학한 이후 난독증으로 인한 학습 부진으로 불안, 회피가 나타난 상태로 판단되었다.

수경이의 경우 어머니는 딸이 고등학교에 들어가서 갑자기 무너졌다고 생각했다. 하지만 수경이는 중학교 2학년 때부터 학습에서 스트레스를 느꼈다고 한다.

수경이처럼 공부를 잘하던 학생이 난독증으로 학습을 등한시하게 되면 집중하지 않거나 열심히 하지 않아서 그렇다고 생각하기 쉽다. 이로 인한 부모님이나 선생님과의 갈등 또는 자기 미래에 대한 걱정으로 학생에게 우울과 불안 증세가 나타난다.

이런 학생을 돕기 위해서는 난독증에 대한 이해가 필요하다. 공부를 못하는 학생뿐만 아니라 공부를 잘하는 학생도 난독증이 나타날 수 있다는 것을 알아야 한다. 학교를 중심으로 이루어지는 교육 현장에서 난독증 위험 정도를 평가하는 난독증 척도검사가 필요한 이유도 여기에 있다.

난독증 척도검사는 현재 읽기능력에 문제가 있는 학생들을 찾아내어 도움을 줄 수 있을 뿐만 아니라, 현재 특별한 문제가 없어 보이지만 잠재적 문제를 가지고 있는 학생들을 찾아낼 수 있다. 이런 학생들이 난독증으로 인한 어려움으로 문제가 나타나기 전에 적절한 도움을 주어야 한다.

난독증과 틱

 틱(Tic)이란 스스로 조절할 수 없는 크고 빠른 근육의 움직임(행동 틱)이나 "으흠" 등의 소리 내는 것(음성 틱)을 말한다. 난독증으로 인한 틱은 대부분은 음성 틱이며, 주로 진학 초기나 새 학년, 새 학기에 많이 나타난다. 학습에 대한 스트레스로 각성이 불안해졌기 때문이다.
 각성이란 두뇌가 맑게 깨어 있는 것을 말한다. 각성이 불안해졌다는 것은 두뇌가 맑게 깨어 있지 못하고 혼란스럽다는 뜻이다. 각성은 뇌간-시상-전두엽 세 영역에 의하여 조절되는데, 세 영역 중에서 가장 중요한 영역은 전두엽이다. 전두엽은 두뇌의 지휘관이다. 학습해야 할 정보는 눈, 귀 등 감각기관을 통하여 입력되고, 좌·우뇌 등 두뇌 여러 부위의 협응으로 처리되어 말, 글, 행동 등으로 표현된다. 이것이 신경학적 학습의 과정이다.
 이 과정에서 전두엽은 두뇌의 여러 부위를 지휘하여 학습이 이루어지도록 하는데, 이 과정의 자동화가 부족할수록 집중을 유지하기 위하여 각성을 높이게 된다. 이러한 과한 각성상태가 정서적으로 불안과 긴장을 유발하여 심한 경우 틱 증상이 나타난다.
 틱은 전두엽의 과활성뿐 아니라 동기 형성, 실행기능을 담당하는 기저핵과 연관이 있다. 두뇌에게 '잘 해내야 할 일'은 스트레스다. 하지만 그 일을 잘 해낸다면 보상으로 작용하여 효능감이 높아진다. 즉, 해야 할 일을 잘 해낼 수 있으면 틱도 나타나지 않고 오히려 효능감이 높아진다. 스트레스에 대해 두뇌는 회피 또는 투쟁 반응 중 하나를 선택하는데, 회피를 선택한 난독증 아동에게는 틱이 나타나지 않는다. 틱은 투쟁 반응을 선택한 결과다.

  난독증으로 틱이 나타나는 아동은 읽기에 어려움이 나타났을 때, 전두엽이 집중하여 잘 읽으려고 각성을 높인다. 이로 인해 동기 형성과 실행기능을 담당하는 기저핵에 과부하가 걸린 것이다. 즉, 읽기 시 많은 실수를 하는 아동에게 틱이 있다면, 집중하지 않아서 실수가 많은 것이 아니다.

  난독증 아동은 자신의 인지능력에 비하여 읽기능력이 부족하다. 따라서 읽기 시 자신도 모르게 각성이 높아진다. 그런데도 읽기 부진이 개선되지 않는다면 각성이 불안해져 틱이 나타날 수 있다. 난독증으로 틱이 나타나는 경우 개선방법은 하나다. 읽기 시 전두엽이 각성을 높이지 않아도 될 정도로 읽기 과정을 자동화하면 된다. 읽기 유창성이 자라나면 틱은 자연스럽게 없어진다.

난독증 개선과 자신감

　난독증 개선훈련은 읽기능력뿐만 아니라 자신감을 길러 준다. 난독증이 나타나는 아동의 경우, 같은 반 친구들보다 초라한 자신의 학습 능력과 언어표현능력에 위축된다. 학교생활에서 무기력하고 자신감이 부족한 모습을 보이는 경우도 종종 있다. 다른 사람의 감정이나 상황을 인식하는 지능에 비하여 듣기, 읽기, 언어표현능력이 매우 부족하기 때문이다.

　학교 난독증 개선사업을 진행할 때, 담당 선생님을 통해 훈련에 참여했던 난독증 아동이 읽기 능력뿐 아니라 학교생활까지 매우 좋아졌다는 말을 종종 듣는다. 한번은 난독증 훈련 모습을 우연히 본 같은 반 친구가 평소와 다른 난독증 아동의 활발한 모습을 보고 깜짝 놀라 했다는 이야기도 들었다. 난독증 아동은 자신의 부족한 학습 능력과 언어표현에 위축되어 무기력해지고 자신감이 없어지는데, 개선훈련을 꾸준히 하면 읽기 능력과 언어표현이 좋아지고, 자신감이 생긴다.

　난독증 개선훈련에서는 Forbrain 장비를 활용하여 아동의 집중력과 읽기 능력, 언어표현력을 길러 준다. 읽기 능력과 언어표현이 좋아지면, 아동은 학급에도 잘 적응할 수 있고, 자신감 있게 학교생활을 할 수 있다.

　난독증은 질병이 아니라 증후군이다. 증후군이란 내면화된 심리적·신체적 장애 또는 심리적·사회적 문제가 생길 가능성을 나타내는 지표이다. 난독증을 개선하기 위해서는 난독증 아동이 심리적으로 읽기를 어떻게 받아들이는지에 대한 이해가 필요하다.

　난독증과 심리와의 관계에서 꼭 기억해야 할 사항은 난독증은 심리적인 문제로 나타나는 것이 아니라, 난독증으로 인한 어려움으로 심리적 증상이 나타나게 된다는 점이다. 따라서 심리를 안정시켜 주어도 난독증은 개선되지 않는다. 하지만 난독증이 개선되면 심리적으로도 안정된다.

04
난독증 동반증상

■ 쓰기 장애
■ 산술 장애

쓰기 장애

난독증 아동에게 나타나는 쓰기 장애는 맞춤법의 문제, 악필, 표현력 부족 등이 있다.

맞춤법의 문제

난독증은 음운표상이 좋지 않아 음운인식이 부족하거나, 건성건성 맥락으로 정보를 인지하려는 경향이 강한 아동에게 나타난다. 이런 까닭에 이들은 읽기 시 문자를 말소리로 바꾸거나 'ㅁ, ㅂ, ㅍ'같이 비슷한 형태의 문자를 구별하여 인식하는 데 어려움이 있으며, 글자를 3차원적으로 인식하는 오류로 단어를 거꾸로 읽는 모습을 보인다.

이러한 오류는 맞춤법에서도 그대로 나타난다. 음운표상이 좋지 못하거나 말소리에 집중하는 힘이 부족하면 '카타리나'란 이름을 [까달리나]나 [카탈리나]로 발음하곤 한다. 이렇게 발음했던 경험이 정확한 맞춤법에 맞추어 카타리나를 쓰는 데 오류를 일으킨다. 건성 보는 습관은 'ㅁ, ㅂ, ㅍ'같이 비슷한 형태의 문자를 구별하여 인식하는 것을 어렵게 하고, 문자를 기억하는 데 오류를 일으켜 철자법에 문제가 생기게 한다. 이러한 오류는 영어 단어의 철자나, 한자를 암기하는 데도 악영향을 미친다.

난독증 아동은 읽기뿐 아니라, 맞춤법에서도 문제가 나타난다. 그래서 난독증을 개선하는데, 정확한 읽기와 쓰기를 지도하는 것이 중요하다고 생각하기 쉽다. 하지만 읽기에 어려움을 느끼는 난독증 아동에게 정확한 읽기와 정확한 맞춤법을 강조해선 안 된다. 이런 경우 읽은 내용을 이해하며 읽는 능력이 자라기 힘들고, 잘못하면 읽기에 부정적인 감정만 가중될 수 있기 때문이다.

물론 난독증 개선에 있어서 정확한 읽기와 맞춤법을 가르치는 것은 필요하다. 하지만 가르치는 시기가 중요하다. 난독증 아동에게 정확한 철자법을 가르치는 것은 내용을 이해하며 리듬 있게 읽는 습관이 만들어진 이후에 진행하는 것이 좋다. 그때는 아동도 한글이 익숙해져 조금만 노력해도 정확하게 쓰기까지 잘할 수 있다. 난독증 아동의 두뇌 특성에 맞는 교육이 필요하다.

악필

난독증이 있는 경우에는 대부분 악필이다. 글씨를 잘 쓰려면 눈과 손의 협응이 좋아야 하는데, 그렇기 위해서는 눈에서 오는 정보를 처리하는 시각중추와 손의 운동을 담당하는 운동중추의 협응이 좋아야 한다. 하지만 난독증이 있는 경우 좌뇌 주도로 언어적, 분석적, 순차적으로 정보를 처리하는 방식과 우뇌 주도로 맥락적으로 정보를 처리하는 방식 사이의 역량 차가 크다 보니, 좌·우뇌 등 두뇌 여러 부위의 협응에 문제가 있다. 즉, 시각중추와 손의 운동을 담당하는 운동중추의 협응이 좋지 못하고, 정교한 조절 능력이 떨어져 악필이 된다.

악필인 난독증 아동에게 글씨를 예쁘게 쓰도록 지도하는 것이 좋을까? 어느 정도는 지도해야 한다. 학습은 표현을 통해 완성되는 것이다. 글씨를 쓰는 과정에서 학습한 내용이 더욱 강화되기 때문에, 글씨를 빠르게 써도 예쁘게 쓸 수 있다면 최상이다. 하지만 아동이 힘들어하는데 글씨를 예쁘게 쓰는 것을 지나치게 강조해서는 안 된다. 난독증 아동의 글씨가 예쁘지 않은 것은 신경학적인 문제이지 성의가 없어서 그런 것이 아니다. 난독증 아동에게 정확한 발음으로 읽도록 지도하면, 읽은 내용을 모르고 읽는 습관이 생길 수 있는 것과 같다. 난독증 아동에게 글씨를 예쁘게 쓰도록 지도하면 많은 주의를 기울여 쓰는 습관이 생겨 글쓰기 속도가 느려질 수 있고, 글쓰기 과정을 통해서는 학습이 이루어지지 않는 부작용이 생길 수 있다.

글쓰기의 표현력 부족

난독증 아동은 자기 생각을 글로 표현하는 데 어려움이 있다. 일기나 독후감, 기행문, 수필 등을 쓰기 위해서는 장기기억 속에 저장된 이미지를 순서대로 표현(작문의 필수 기술인 논리적 질서와 배열)해야 한다. 그런데 난독증 아동은 순차적으로 처리하는 능력이 부족해 작문에서 어려움이 나타난다. 또 생각은 신경 신호이지만 글로 표현되기 위해서는 근육의 움직임이 필요하다. 즉, 신경 신호로 처리된 두뇌 정보를 근육의 움직임으로 표현하기 위해서는 생각을 담당하는 뇌와 표현을 담당하는 뇌의 박자가 맞아야 한다.

난독증 아동은 좌·우뇌 등 두뇌 여러 부위의 협응에 문제가 있어, 생각을 담당하는 뇌와 표현을 담당하는 뇌의 박자가 맞지 않는 경우가 많다. 이런 경우, 알고 있는 어휘인데도 막상 쓰려고 하면 생각이 나지 않아 자기 생각을 글로 표현하는 데 어려움이 있다. 이러한 글쓰기의 표현력 부족은 난독증이 개선되면 자연스럽게 좋아진다.

산술 장애

난독증 아동 중에는 다른 과목에 비하여, 수학을 좋아하는 아동이 종종 있다. 읽기능력 부족과 정보처리 과정의 유창성 부족으로 다른 과목은 싫어하지만, 난독증 아동 중에서 지능이 높은 아동일수록 수학을 좋아하는 경우가 많다.

이와는 반대로 난독증 아동에게 산술 장애가 동반되어 나타나는 경우가 있다. 이는 '난독증으로 발생하는 시간에 대한 감각 왜곡'과 관계가 있다.

난독증 아동에게 시간에 대한 감각 왜곡이 나타나는 것은 그들의 정보처리 방식이 다르기 때문이다. 두뇌가 정보를 처리하는 방식에는 두 가지가 있다. 하나는 좌뇌 주도로 언어적, 순차적으로 정보를 처리하는 방식이며, 또 하나는 우뇌 주도로 전체적 맥락으로 정보를 처리하는 방식이다. 정보처리 과정 중에 좌·우뇌는 서로 협력해야 한다. 하지만 난독증 아동은 우뇌 주도 방식인 전체적 맥락으로만 정보를 처리하려는 경향이 강하다.

시간과 순서 개념을 익히는 데 필요한 기초는 좌뇌 주도로 이루어지는 언어정보처리 방식을 통하여 만들어진다. 언어정보처리는 순서가 중요하다.

예를 들어, [안녕하세요]라는 말소리가 처리되는 과정을 살펴보면 [안녕하세요]라는 말소리의 진동이 '고막→중이→내이'까지는 소리 진동으로 전달되지만, 내이의 청각 세포에서 대뇌 청각 피질로의 전달은 신경 신호로 전달된다. 이러한 전달 과정에서 중요한 것은 입력된 음소, 음절이 순서대로 전달되어야 한다는 것이다. 만약 전달 과정에서 순서가 바뀐다면 뜻이 전혀 달라지기 때문이다.

[안녕하세요]라는 말소리를 인식하는데, 전달 과정의 오류로 [녕]이란 말소리가 늦게 인식된다면, 두뇌에는 '안하세요녕'으로 인식되어 말의 의미를 이해할 수 없게 된다. 그래서 언어 정보를 순차적으로 처리하는 능력이 발달하면서, 순서에 대한 개념이 생긴다. 순서는 시간의 개념을 포함하고 있다. 언어정보처리 과정에서 자연스럽게 시간과 순서의 개념을 익히게 된다.

난독증 아동은 좌뇌 주도의 언어처리 방식보다는, 우뇌 주도의 전체적, 맥락적인 방식으로 정보를 처리한다. 이런 까닭에 난독증 아동 중에 지능이 낮은 경우, 시간과 순서의 개념이 제대로 형성되지 못해 산술 장애가 나타난다.

수학을 공부하기 위해서는 '크기, 부피, 질량' 등의 개념이 있어야 한다. 그런데 이런 개념이 형성되기 위해서는 시간에 대한 개념이 명확해야 한다. '더 크게, 더 작게, 많다, 적다' 등의 용어 속에는 시간에 대한 개념이 녹아 있다. 따라서 시간에 대한 개념이 부족한 아동에게 산술 장애가 나타나게 되는 것이다.

즉, 산술 장애는 시간에 대한 감각 왜곡으로 인해 시간과 순서의 개념이 명확하게 형성되지 못한 데서 기인한다. 시간에 대한 감각 왜곡은 언어정보처리능력의 부족에서 기인하기 때문에 수학 공부만 많이 시킨다고 산술 장애가 개선되지 않는다. 새로운 지식을 배울 때 설명을 잘해 주는 선생님이 있으면 학습한 것을 이해하기가 훨씬 쉽다. 하지만 어떤 아이들은 선생님이 아무리 잘 설명해 주어도 선생님이 가르치는 내용을 이해하지 못한다. 현재 진행되고 있는 학습을 이해하는 데 필요한 기초개념이 부족하기 때문이다.

즉, 선생님이 설명을 아무리 잘해 준다고 해도, 배우는 학생이 현재 학습 중인 정보를 받아들이는 데 필요한 기초개념이 부족하면 무슨 말을 하는 것인지 이해하지 못해 학습은 일어나지 않는다. 이런 까닭에 산술 장애와 난독증이 동반되어 나타나는 경우, 난독증 개선이 선행되어야 산술 장애도 개선될 수 있다.

사례_산술 장애 동반 난독증

수영이는 초등학교 2학년 때 부모님의 선택으로 처음 난독증 개선 훈련을 받았다. 수영이는 평소에 인사성이 좋고 차분하고 조용한 아이였고, 선생님의 보살핌이 전혀 필요 없는 아동이었다. 하지만 수업을 시작하면 선생님을 매우 어렵게 했다. 한글을 가르치는 것도 어려웠지만, 수학 학습은 전혀 이루어지지 않았다. 수학 선생님이 수영이를 가르칠 때 벽을 보고 말하는 것 같다고 말해 부모님 기분을 참담하게 하였다. 선생님은 수영이가 숫자에 대한 개념이 부족해, 숫자의 의미나 사칙연산의 개념을 이해시키는데도 너무 힘들어서 아이를 가르칠 수 없다고 했다.

부모님은 수영이가 난독증 훈련으로 친구들과 잘 어울리게 되기를 희망했다. 수영이는 친구들과 어울릴 때, 친구들이 시키는 대로만 행동한다는 것이다. 부모님은 수영이가 동등한 친구 관계를 맺게 되었으면 좋겠다고 했다.

주의력과 사회성을 담당하는 두뇌 기능은 정상이라도 언어와 인지 그리고 실행 기능을 담당하는 두뇌 기능이 매우 부족하면 문제가 생긴다. 특히 지능이 낮은 난독증 아동의 경우에는 자기 생각을 표현하는 힘이 부족하고 친구와의 관계에서 종속적인 태도를 종종 보인다. 이런 모습은 난독증 개선훈련을 통해 언어처리능력과 실행 기능이 좋아지면 바로 개선된다. 수영이도 20회 훈련 후 이런 모습이 사라지고, 친구 관계에서 자기주장을 잘하기 시작했다.

수영이는 훈련을 통해 읽기능력과 함께 시간과 순서의 개념이 형성되었다. 수학을 포함하여 학습 내용을 잘 이해하기 시작했다. 하지만 성적의 변화는 눈에 띄게 나타나지 않았다. 수영이는 집중력과 인지능력이 매우 부족했던 아동이었다. 난독증 아동의 경우에 개선훈련을 통해 집중력, 인지능력이 좋아졌다 하더라도 누적된 지식이 상당히 부족할 수밖에 없다. 성적이 좋아지기까지는 시간이 필요하다.

시간이 흘러 수영이가 5학년이 되었을 때, 학교에서 부모님을 대상으로 난독증에 대해 강의하는 자리에서 수영이 어머니를 만났다. 어머니는 나를 만나려고 일부러 강의에 참석했다며, 수영이가 지금은 공부도 잘하고 친구 관계도 매우 좋다고 했다. 5학년에 올라와서는 시험을 보면 평균 90점 정도 나온다는 것이었다. 초등학교 2학년 때는 평균 10점을 맞던 수영이가 5학년이 되어서는 평균 90점대를 유지하고 있었다. 수영이는 성적이 오른 후 친구 관계에서도 자신감 있는 모습을 보인다고 했다.

05
난독증과 ADHD의 차이점

- ADHD란
- ADHD 진단
- 난독증으로 인한 주의산만
- 난독증과 ADHD의 차이점

난독증이 있다고 해서 모두가 그런 건 아니지만, 난독증 아동은 학교생활에서 주의가 산만한 모습을 보이기 쉽다. 그래서인지 선생님들이 난독증을 ADHD로 오인하는 경우가 종종 있다.

　난독증과 ADHD는 증후군으로 분류된다. 증후군이란 '내면화된 심리적·신체적 장애 또는 심리적·사회적 문제가 생길 가능성을 나타내는 지표'로, 난독증과 ADHD는 모두 질병이 아니다. 그리고 난독증과 ADHD는 모두 주의산만과 학습 부진이 동반되는 경우가 많아, 겉으로 나타나는 증상이 유사하다.

　하지만 난독증과 ADHD는 발생하는 원인이 다르다. 증상은 비슷하지만, 난독증을 ADHD로 오인하거나 ADHD를 난독증으로 오인하는 경우 아무리 시간과 노력을 들여도 개선 효과를 보기 어렵다.

　부모님과 선생님이 ADHD로 나타나는 주의산만과 난독증으로 나타나는 주의산만에 어떤 차이가 있는지 구분할 수 있어야 한다.

ADHD란

ADHD란 주의산만, 과잉행동, 충동성으로 대표되는 증후군이다. 두뇌 발달과정 중에 전두엽의 발달 부족으로 나타나는 전두엽의 실행 기능 이상 또는 도파민 신경 전달 물질의 기능 이상이나 자기 조절(self-control) 장애를 말한다.

출생 이후 두뇌 발달은 감각통합 발달을 기반으로 이루어진다. 감각통합 발달은 총 4단계로 이루어지는데, 1~3단계는 만 3세까지 이루어진다. 이 시기에는 감각통합에 있어서 가장 기본이 되는 촉각, 고유수용성 감각과 전정감각을 바탕으로 뇌 안에 신체의 지도(손발과 머리, 몸이 어디에 있고, 어떻게 움직이는지)를 아는 능력이 형성된다. 이를 기초로 운동 계획과 주의를 지속하는 것이 가능하며, 언어와 개념이 발달하고 인간으로서의 다양한 능력을 꽃피울 수 있는 지각-운동 기술이 완성된다.

4단계는 만 4~6세에 이루어지는데 이 시기는 전두엽이 1차 완성되는 시기이다. 만 3세까지 완성한 지각-운동 기술을 바탕으로 사회성 학습 기술, 복잡한 운동 기술, 주의력 조절, 조직화된 행동, 자긍심 등 전두엽의 자기조절능력이 길러진다.

만 6세까지 이루어지는 감각통합 총 4단계는 학습 준비의 단계로, 발달이 완성되면 학교에 입학할 준비가 된 것이다. ADHD는 주의력과 자기 조절을 담당하는 전두엽 기능이 부족해 학교생활에서 어려움이 나타난다. 연구에 의하면 약 3~5%의 아동에게서 ADHD가 나타나는 것으로 밝혀졌다.

ADHD 진단

　ADHD는 내면화된 심리적·신체적 장애 또는 심리적·사회적 문제가 생길 가능성을 나타내는 지표이기에 질병을 검사하는 혈액검사나 뇌의 움직임을 평가하는 뇌파검사 등으로 ADHD를 진단할 수 없다. 또한, 일반적으로 주의력평가에 많이 쓰이는 종합주의력평가도 주의산만의 원인이 ADHD 때문인지는 진단할 수 없다. 주의력 정도를 평가하기 위해서는 주의산만의 원인이 ADHD 때문인지를 파악해야 한다.

ADHD의 진단 기준

가. 주의산만	나. 과잉행동 및 충동 증상
· 부주의로 실수를 잘한다	· 가만히 앉아 있지 못한다
· 집중을 오래 유지하지 못한다	· 이유 없이 자리를 뜬다
· 다른 사람의 말을 경청하지 못한다	· 지나치게 뛰거나 기어오른다
· 과제를 끝까지 하지 못한다	· 활동에 조용히 참여하지를 못한다
· 공부, 숙제 등을 싫어한다	· 목적 없이 계속 움직인다
· 계획적인 활동이 어렵다	· 지나치게 말이 많다
· 필요한 물건을 자주 잃어버린다	· 질문이 끝나기 전에 대답한다
· 외부 자극에 쉽게 흐트러진다	· 차례를 못 기다린다
· 해야 할 일을 자주 잊어버린다	· 다른 사람의 활동을 방해한다

ADHD 진단 조건

- 가, 나 항목별 9개 중 6개 이상의 증상을 가지고 있어야 한다.
- 초등학교 입학 전부터 발생해야 한다.
- 장소에 상관없이(최소 두 곳 이상) 증상이 나타나야 한다.
- 6개월 이상 지속되어야 한다.
- 또래의 다른 아이보다 심해야 한다.
- 이것으로 인해 학습이나 친구 관계, 일상생활에서 문제가 나타나야 한다.

1) **혼합형** : 가, 나 항목의 증상이 비슷하게 나타나는 경우
2) **주의력결핍 우세형** : 가 항목의 증상이 많이 나타나는 조용한 ADHD
3) **과잉행동 및 충동성 우세형** : 나 항목의 증상이 많이 나타나는 경우

ADHD로 진단하기 위해서는 진단 기준 가, 나 항목별 증상 9개 중에 6개 이상의 증상을 가지고 있어야 하며, 또래의 다른 아이보다 심하고, 이러한 증상이 6개월 이상 지속되고, 이것으로 인해 학습이나 친구 관계, 일상생활에서 문제가 나타나야 한다. 무엇보다 이러한 증상은 초등학교 입학 전부터 가지고 있어야 한다. ADHD는 두뇌 발달과정의 문제이기 때문이다. 초등학교 입학 전에는 증상이 없었는데 학교에 입학한 이후 산만한 모습을 보인다면 ADHD가 아닌 다른 원인이 있을 가능성이 높다. 또한, ADHD는 산만한 모습이 장소와 상관없이 나타나야 한다는 것이다. ADHD는 전두엽의 자기 조절 기능에 문제가 있는 것이기에 장소에 따라 어느 곳에서는 집중하고 어느 곳에서는 산만한

모습을 보일 수 없다. 만약 학교에서는 주의가 산만한데 집에서는 아니라면 ADHD가 아닌 다른 원인으로 산만한 것이다. 이러한 진단 조건을 모두 충족할 때 ADHD로 진단할 수 있다.

난독증으로 인한 주의산만

　난독증으로 인해 나타나는 주의산만에는 두 가지 유형이 있다. 하나는 좌·우뇌 협응의 부족으로 인한 난독증 아동에서 나타나는 주의산만이다. 이런 유형의 아동은 전체적으로 맥락을 통하여 정보를 인지하는 장점이 있는 대신 건성으로 보고 건성으로 듣는 습관이 있어 수업 시간에 산만한 모습을 보인다.

　그런데 이런 유형의 아동이 지능이 높은 경우에는 선생님의 설명을 주의 있게 듣지 않아도 무슨 내용인지 파악할 수 있어, 선생님이 질문하면 대답을 곧잘 한다. 이런 아동의 부모님이나 선생님은 머리는 좋은 것 같은데 집중력이 부족하다고 생각하기 쉽다. 이런 아동의 경우 좌·우뇌 협응 능력을 개선하여 주어야 한다.

　또 하나는 지능이 보통 이하로 낮은 난독증 아동에서 나타나는 주의산만이다. 이런 유형의 아동은 종종 조용한 ADHD로 진단을 받는데, 수업 시간에 크게 산만한 모습을 보이지 않기 때문이다. 하지만 말소리에 집중하는 힘이 부족하고, 이해력과 기억력이 부족해 수업을 들어도 학습이 일어나지 않는다. 수업을 들어도 무슨 내용인지 모르겠으니 아동은 스트레스를 받게 된다. 아동은 스트레스를 회피하기 위해 그림을 그린다든지, 수업 시간에 다른 짓을 한다. 이러한 모습을 본 선생님은 아동이 주의가 산만하고 집중력이 부족해 공부를 못 한다고 생각한다. 그래서 부모님에게 ADHD 검사를 받아 보라고 권하게 된다.

난독증으로 나타나는 주의산만과 ADHD로 나타나는 주의산만은 원인이 다르기에 개선방법도 다르다. 난독증으로 인한 주의산만은 말소리에 주의를 기울이는 힘이 부족해 나타나는 문제이기 때문에 말소리에 주의를 기울이는 힘만 길러 주어도 주의산만이 크게 개선된다. 하지만 ADHD로 인한 주의산만은 전두엽의 발달 부족으로 인한 자기 조절 장애로 나타나는 것이라 개선에 더욱 오랜 시간이 걸린다.

난독증과 ADHD의 차이점

　학교나 가정에서 난독증으로 인한 주의산만과 ADHD로 인한 주의산만을 구별하는 간단하고 효과적인 방법은 주의산만이 나타나는 시기와 장소를 관찰하는 것이다. 앞서 언급했듯이 ADHD로 인한 주의산만은 시기와 장소를 불문하고 나타나지만, 난독증의 경우에는 주로 학습 시에 주의산만이 나타난다. 물론 난독증 아동은 말소리에 집중하는 힘이 부족해 학습과 관련이 없는 경우도 주의력이 부족한 모습을 보일 수 있다. 하지만 수업 시간과 비교하면 큰 차이가 있다. 만약 수업 시간에 ADHD 아동처럼 주의가 산만한 모습을 보이던 아동이 체육 시간이나 쉬는 시간에는 산만한 모습을 보이지 않는다면 난독증으로 인한 주의산만일 확률이 높다.

사례_조용한 ADHD인 줄 알았던 난독증 아동

　초등학교 3학년인 지수는 2학년 때, 병원에서 조용한 ADHD 진단을 받았던 아동이다. 어머니 기억에 초등학교 입학 전에는 특별한 문제가 없었다. 단지 어머니가 한글을 열심히 가르쳤는데도 지수는 한글을 다 익히지 못한 상태에서 입학했고, 그래서인지 입학 후 위축된 모습을 보였다고 한다.
　지수는 한글을 1학년 2학기가 되어서야 다 익혔다. 하지만 읽은 내용을 이해하지 못했고, 소리 내어 읽는 것을 싫어했다. 초등학교 2학년 때 상담에서 선생님은 지수가 과잉행동은 없지만, 수업 시간에 그림을 그리는 등 산만한 모습을 보이고 학습이 이루어지지 않는다고 했다.

선생님으로부터 지수가 조용한 ADHD가 의심된다며 검사를 권유받았다. 검사에서 조용한 ADHD라 진단받아 한동안 약을 복용하였으나 큰 효과를 보지 못했다고 한다. 그러다가 학교에서 학부모를 대상으로 진행한 '난독증의 이해'란 강의에서 난독증이 조용한 ADHD로 오인되는 사례가 많다는 말을 듣고, 검사를 받아 보게 되었다.

검사결과

지수는 검사과정에서 대화 시 목소리도 작고 어물거리며, 의사표현 능력이 매우 부족해 보였다.

1. 지수는 청각 집중력을 종합적으로 평가하는 어음청취력검사에서 어음청취력 정확도의 최소 기준인 82%에 한참 미달한 좌측 54%, 우측 62%로 나타났다. 소음이 있는 곳에서 들어야 할 소리에 집중하는 힘이 매우 부족한 것으로 나타났으며, 청각 정보처리속도검사에서도 청각 정보처리속도가 600ms로 매우 느렸다. 말소리의 빠른 변화를 인식하는 능력이 매우 부족한 것으로 확인되었다.

2. 감각통합 발달의 기반이 되는 전정-통합회로의 능력을 평가하는 검사에서 지수는 자기의 신체를 인식, 조절하는 데 필요한 전정-통합

회로의 기능에 문제가 없는 것으로 나타났다. ADHD는 감각통합 발달의 문제로 나타나는 증상이기에, 일반적으로 ADHD 아동은 검사에서 전정-통합회로 기능이 매우 부족한 것으로 나타난다.

3. 읽기 속도와 읽기 과정을 평가하는 K-WCPM검사 결과 1분간 정확하게 읽은 어절 수가 학년 목표의 52.3% 수준인 45어절로 읽기 속도가 매우 느렸다. 웅얼거리며 읽고, 오류와 버벅거림이 잦았다. 문장을 손으로 짚으며 읽었으며 읽기 리듬감이 부족했고, 읽은 내용에 대한 이해력도 부족한 것으로 나타났다.

검사 결과를 종합해 볼 때 지수에게 나타나는 주의산만은 ADHD가 아니라 난독증으로 인한 것이었다. 따라서 지수에게 나타나는 주의산만과 난독증 증상을 개선하기 위해 난독증 개선훈련을 진행했다.

지수는 훈련이 진행되는 초기에는 무기력하고 불안해하며 다른 친구들과 전혀 어울리지 못했다. 글자는 알고 있었으나 읽기를 매우 힘들어하고, 읽기 자체를 거부하는 모습을 자주 보였다.

이러한 모습은 주의력은 정상이지만, 말소리에 집중하는 힘과 이해력, 기억력이 부족한 난독증 아동이 학습 부진으로 위축되었을 때 보이는 전형적인 모습이다. 훈련 기간에 청각 집중력훈련과 읽기 유창성 훈련을 진행한 결과 지수는 많은 부분에서 변화가 나타났다. 청각 집중력이 좋아지고 읽기능력이 개선되면서 자연스럽게 주의산만이 없어졌다.

편지_지수 어머니로부터

지수가 처음 센터에 방문할 때는 조용한 ADHD라는 병원에서의 진단과 집중력 문제로 걱정이 많았습니다. 더욱이 지수가 자신감도 없어서 학교에서 친구들과의 관계도 좋지 못했습니다.

센터의 훈련과정을 지수가 힘들어할 때도 있었으나 원장님께서 지수의 상태에 맞춰 훈련 프로그램을 계획해 주셔서 변화가 보였습니다. 훈련을 중단하지 않고 계속한 결과, 국어시험에서 100점을 맞기도 했습니다.

이제 지수가 학교생활에 자신감이 생긴 것 같습니다. 친구들과도 잘 어울리고 단짝 친구도 생겼다는 담임선생님의 말씀에 어머니로서 걱정을 한시름 덜었습니다.

정말 감사합니다.

06
난독증 진단검사

■ 난독증 척도검사
■ 난독증 정밀검사

난독증은 조기 개선이 중요하다. 난독증 조기 개선을 위해서는 학생에게 나타나는 읽기 부진이 난독증 때문인지 아닌지를 정확하게 알아보는 검사가 필요하다. 하지만 난독증은 증후군으로, 난독증을 확정적으로 평가하는 하나의 검사는 없다. 난독증 진단을 위해서는 난독증의 전반적인 모습을 이해해야 한다. 문자 습득의 어려움으로 난독증의 증상들이 확연하게 보이는 아이부터 평균 범위의 읽기 점수를 가졌지만 유창하게 읽지 못해 읽기에 에너지를 많이 소모하는 아이까지 매우 다양한 모습으로 나타나기 때문이다.

난독증 척도검사

　학교나 센터에서 많은 학생을 대상으로 난독증 위험도를 평가하는 검사다. 선행연구에서 밝혀진 난독증 증상의 8가지 요인에 대한 척도를 평가하여 정상군, 난독증 저위험군, 난독증 고위험군, 난독증 해당(확진)군으로 분류한다.

난독증 척도검사의 필요성

　난독증이란 학습 부진의 주요 원인 중 하나로, 2013년 한림대학교 조사에 의하면 전체 학생의 5%(약 33만 명)가 난독증으로 심각한 학습 장애를 겪고 있으며, 전체 학생의 약 20%가 난독증으로 인하여 학습에서 영향을 받는 것으로 조사가 되었다. 또 다른 연구에서는 기초학력이 부진한 학생의 80%가 난독증의 영향을 받는 것으로 조사되었다.
　난독증은 조기 진단과 조기 개선이 중요하다. 난독증으로 인한 학습 부진이 오랫동안 지속되면, 학습을 회피하는 경향이 생긴다. 수업 시간에 주의산만이 나타나기 쉽고, 학교생활에서 무기력, 우울, 불안, 분노 등의 심리적·정서적 증상으로 학교 부적응이 나타나기 쉽다.
　난독증은 학생의 지능에 따라 매우 다양한 모습으로 나타난다. 특히 한글이 매우 과학적이기에, 난독증의 신경학적인 원인이 있어도 지능이 높고 보상회로가 좋은 경우에는 저학년 때는 특별한 증상이 보이지 않는다. 하지만 이런 학생들도 읽기 유창성의 기초가 제대로 길러지지 않아, 학년이 올라가면 난독증으로 인한 학습 부진이 나타난다.

이런 까닭에 정확한 난독증 현황 파악을 위해서는 학교에서 난독증 검사를 진행할 때 증상이 겉으로 드러난 일부 학생뿐 아니라 전체 학생을 대상으로 검사를 진행하는 것이 좋다. 이를 통해 난독증으로 인한 학습 부진과 학교 부적응에 대해 학생들을 조기진단하고, 개선프로그램을 투입하고, 학교생활에 적응시키고, 추수관리로 연결되는 선순환 체계를 마련해야 한다.

사례_난독증 고위험군

지민이는 초등학교 4학년으로, 어머니의 기억으로는 지민이가 글을 배우는 단계에서는 어려움을 보인 적이 없다고 했다. 어머니가 난독증이란 용어를 처음 들은 시기는 지민이가 초등학교 2학년 때이다. 당시 지민이가 다니던 초등학교에서 학교 난독증 현황을 파악할 목적으로 2학년부터 6학년까지의 학생을 대상으로 난독증 척도검사를 진행했다.

지민이는 난독증 척도검사에서 난독증 고위험군으로 분류되었다. 어머니는 먼저 지민이가 다니던 학원 선생님과 상담했다. 그런데 지민이가 난독증 고위험군으로 분류되었다는 소식을 접한 선생님은 그럴 리가 없다는 반응을 보였다. 자신이 가르치면서 본 지민이는 읽기에 문제가 없다고 생각되었기 때문이다. 학원 선생님의 말을 들은 어머니는 크게 안심이 되었지만, 그래도 혹시 하는 마음에 지민이 담임선생님에게 상담하였다.

담임선생님도 평소 겉으로 보이는 지민이의 모습을 볼 때 난독증 척도검사가 단체로 이루어진 검사라 오류가 있을 수 있다고 상담했다. 당시 지민이의 학습과 직접 관련하고 있는 두 사람이 모두 지민이가 난독증은 아니라고 판단한 후에야 어머니는 마음을 놓았다.

그런데 2년 후 지민이의 영어 학원 선생님이 지민이가 난독증이 있는 것 같으니 검사를 받아 보라고 권하는 일이 생겼다. 선생님은 지민이에게 파닉스를 가르치는 것이 너무 어렵고, 지민이가 영어 단어의 철자 암기도 힘들어한다고 했다. 난독증이 있는 경우 한글을 배울 때는 특별한 어려움이 없었던 아동도 영어학습에서는 대부분 어려움을 느낀다.

난독증 아동들은 말소리를 정확하게 인식하는데 필요한 음운표상이 좋지 못하다. 음운표상은 자라나면서 다른 사람의 말을 들으며 자연스럽게 형성되는 능력으로, 이를 기반으로 음운인식, 기억, 인출 등의 음운처리 과정이 이루어지는데, 문자를 배우는 것이나 읽기학습은 이 같은 음운처리 과정을 기반으로 이루어진다. 이런 까닭에 우리말에 대한 음운표상이 좋지 못한 경우, 대부분 글을 배우는 단계, 또는 글을 읽는 단계에서 어려움이 나타난다. 하지만 지능 등 두뇌의 다른 요소들이 음운상의 약점을 보완하는 경우에는 문제가 나타나지 않는다.

그런데 영어는 우리 언어가 아니기 때문에 지능 등 두뇌의 다른 요소들로 약점을 보완하기가 더욱 어렵다. 그래서 난독증이 있는 경우, 한글을 배우는 데 특별한 어려움을 보이지 않았던 아동도 영어를 배우는 과정에서는 어려움을 겪는다.

난독증 정밀검사 결과 지민이는 난독증으로 확인되었다. 지민이는 읽기에 대한 심리적 부담으로, 소리 내어 읽기 검사에서 과도하게 긴장하여 바들바들 떨었다. 읽기 시 오류는 많지 않았으나, 읽기 속도가 매우 느리고, 리듬감이 매우 부족했으며, 읽은 내용에 대한 이해력이 부족했다. 또한, 들어야 할 말소리에 집중하는 힘을 테스트하는 어음청취력검사에서 어음청취력이 매우 부족한 것으로 나타났다.

그렇다면 2년 전, 어머니가 난독증 고위험군으로 분류된 지민이의 난독증 척도검사 결과를 가지고 상담했던 학원 선생님과 담임선생님은 왜 지민이가 난독증이 아니라고 말했을까? 그 이유는 난독증에 대한 이해 부족으로 겉으로 보이는 증상만 가지고 판단했기 때문이다. 그 결과 지민이는 이른 시기에 적절한 도움을 받을 기회를 놓쳤다.

2년 전 검사에서 지민이가 난독증 고위험군으로 분류되었다는 것은, 겉으로 보이는 것과 달리 지민이는 읽기에서 심리적으로 어려움을 느끼고 있다는 표시였다. 지민이가 힘들다고 표시할 때 적절한 도움을 주었다면, 2년 후에 진행한 읽기검사 시 과도하게 긴장하여 바들바들 떠는 모습을 보이지 않았을 것이다.

난독증 척도검사는 난독증 위험 정도를 평가하는 검사이다. 검사 결과가 부모님이나 선생님이 생각하는 것과 다르더라도, 위험군이나 해당군으로 분류되었다면 난독증 정밀검사를 받아 볼 필요가 있다.

난독증 정밀검사

 난독증 정밀검사는 난독증 척도검사에서 난독증 위험군 또는 해당군으로 분류된 학생, 기초학력 부진 학생, 선생님이나 난독증 전문가에 의하여 난독증이 의심되는 학생 등을 대상으로 진행한다.

 난독증을 확정적으로 평가하는 하나의 검사는 없다. 난독증 진단을 위해서는 난독증의 전반적인 모습을 이해해야 한다. 난독증은 언어처리와 관련된 신경학적인 문제로, 읽기에 어려움이 나타나는 것을 말한다. 난독증을 진단하기 위한 검사는 언어정보처리능력을 평가하는 청각처리능력검사, 음운인식, 해독검사, 읽기유창성검사 등이 종합적으로 이루어져야 한다. 난독증을 확진하기 위해서는 이러한 검사 결과에 대한 종합적인 판단이 필요하다.

1) 청각처리능력검사

난독증 아동은 음운표상이 좋지 못해 음운처리능력이 부족하다. 음운표상은 발달과정 중에 다른 사람의 말소리를 들으며 자연스럽게 형성되는 능력이다. 음운표상이 잘 발달하기 위해서는 다른 사람의 말을 정확히 들을 수 있는 청각처리능력이 좋아야 한다. 청각처리능력검사를 통하여, 난독증 발생의 신경학적 요인이 있는지를 평가한다.

난독증 발생의 신경학적 요인을 평가하는 방법으로 음운인식검사를 활용하는 방법도 있다. 음운인식이란 하나의 말소리가 음절 또는 음소라는 더 작은 말소리로 이루어져 있다는 것을 아는 능력이다. 음운인식의 부족은 한글을 배우는 과정에서 문제를 일으키지만, 한글을 익히게 되면 검사에서는 발견되지 않을 수 있다. 즉, 한글은 과학적인 글자인 까닭에 음운인식이 부족한 학생도 한글을 익힐 수 있다.

읽기 시 문자를 말소리로 바꾸는 과정은 무의식 중에 전광석화같이 이루어지는 과정이다. 음운인식이 부족했는데도 한글을 익혀 말소리 구조를 알게 되며 음운인식검사에 문제가 없는 것으로 나타난다. 이런 경우 읽을 때 버벅거림이 나타나 읽기 유창성 발달에 문제가 생긴다. 즉, 난독증을 일으키는 신경학적인 요인이 존재한다는 뜻이다. 따라서 무의식영역에서 이루어지는 청각처리능력에 대한 검사를 통하여 난독증 발생의 신경학적 요인이 있는지 살펴봐야 한다.

어음청취력검사

읽기능력이 발달하기 위해서는 말소리에 대한 음운인식력이 좋아야 한다. 일반적으로 지능과 읽기능력은 비례한다. 하지만 음운인식력 발달에 꼭 필요한 구어의 청각변별력이 떨어지는 경우, 지능에 비하여 읽기 역량이 부족하게 된다. 어음청취력검사는 약간의 소음이 있는 곳에서 말소리에 집중하는 능력과 음성언어의 구성요소인 말소리에 대한 미세한 차이를 변별하는 능력을 평가하기 위한 검사이다. 읽기 어려움이 개인의 노력 부족이나 환경적인 요소가 아니라, 신경학적 원인(소리 처리를 담당하는 언어회로)에 의해 나타나는 것인지를 판단하는데 중요한 검사다. 참고로 독일 막스플랑크연구소의 연구에 의하면 난독증이 있는 아동은 소음이 있는 곳에서 정확한 말소리 인지에 어려움이 있는 것으로 밝혀졌다.

어음청취력검사는 학령기 또는 학령전기 아동의 의사소통 능력과 한글에 대한 청각변별력을 측정하기 위해 고안된 검사이다. 한국표준 단음절어표(50글자)로 구성된 소리를 들려주고 피검자가 얼마나 정확하게 인지할 수 있는지를 평가한다. 피검자는 헤드폰을 통해 일정한 크기로 들려주는 1음절의 말소리가 어떤 말소리인지 대답하면 되는 것으로 글을 몰라도 진행이 가능하다. 어음청취력검사는 단순히 소리가 들리느냐 안 들리느냐의 검사가 아니라, 특정한 발음을 뇌에서 정확히 해석하느냐 못하느냐를 검사하는 것이다. 언어의 청각적 입력·처리 과정에서 어떠한 오류가 있는지를 알아볼 수 있다.

어음청취력검사는 말소리에 대한 청취능력을 평가하지만, 청각 장애가 있는지 진단하는 것은 아니다. 잠재적 난독증 발생 요인인 '음운표상의 문제' 또는 '두뇌 여러 부위의 미세한 협응의 문제'가 있는 경우 일반 아동에 비해 구어의 청각 변별에 어려움이 있다.

청각처리속도검사

음운표상 발달에 필요한 청각처리능력을 평가하는 검사다. 음운표상은 발달과정 중에 다른 사람의 말소리를 들으며 자연스럽게 형성되는 능력이다. 말소리의 빠른 변화를 인식하는 청각처리속도가 느린 아동의 경우, 언어 발달과정에서 다른 사람의 말을 정확히 듣기 어려우므로 음운표상이 명료하게 발달하기 어렵다.

마이클 머제니치 박사와 파울라 탈란 박사의 난독증 아동과 일반 아동의 청각처리능력을 비교한 연구를 보면, 소리의 변화를 구별하는 능력에서 음운인식이 부족한 난독증 아동은 소리의 길이가 짧아지면 정확하게 인지하는 능력이 크게 떨어지는 것으로 나타난다. 즉, 언어발달이 늦은 아동은 '작고 빠른 소리의 변화'를 감지하는 청각처리능력이 부족하다. 청각처리속도검사는 청각 정보를 뇌에서 정확히 해석하는 데 필요한 매우 짧은 순간 변화하는 소리의 차이점을 변별할 수 있는 능력을 평가하는 것으로, 읽기 어려움이 개인의 노력 부족이나 환경적인 요소가 아니라 신경학적 원인(소리 처리를 담당하는 언어회로)에 의해 나타나는 것인지를 판단하는 데 중요한 검사다.

청각처리속도검사는 청각 뉴런이 한 가지 소리 정보를 처리하고 휴식 후 다시 정보를 처리할 때까지 걸리는 시간을 평가한다. 피검자가 헤드폰을 통해 들려주는 두 가지 사운드 스윕(Sound Sweep, 음성의 초분절적 요소-오르막/내리막 소리)의 순서를 알아맞히는 검사로 글을 모르는 아동에게도 시행할 수 있다. 난독증 아동의 경우 0.3초 이하의 빠른 소리 변화를 구별하는 것이 일반 아동에 비해 어렵다.

주파수 변이선별력검사

음운표상이 명료하게 형성되기 위해서는 말소리들 특히 유사한 발음을 가진 단어의 미세한 차이를 잘 구분할 수 있어야 한다. 유사한 발음의 단어를 구분하기 위해서는 단어의 복합 주파수를 잘 변별할 수 있어야 한다. 이를 위해 인접한 주파수 간 변별능력의 발달이 필요하다. 주파수 변이선별력검사(selectivity)는 인접한 주파수 간의 변화를 구별하는 능력을 평가하는 검사이다. 이 능력이 부족한 경우 감각 등록기에 등록되는 감각 정보가 부실해 작업 기억력이 떨어지게 되는 것이다. 영국에서는 작업 기억력의 부족을 난독증 발생의 주요 원인으로 보고 있다.

2) 읽기검사

난독증 진단을 위한 읽기능력 평가

한국어 읽기검사
(KOLRA : Korean Language-based Reading Assessment)
　한국어 읽기검사는 초등학교 1학년부터 6학년 아동을 대상으로 언어 기반의 읽기능력을 평가할 수 있는 검사로, 본 검사는 아동의 읽기 영역에 문제가 있을 가능성과 함께 어떤 영역에 문제가 있는지를 파악할 때 사용할 수 있다. 그리고 아동의 읽기 문제의 근원이 무엇인지를 확인하거나 읽기 중재의 효과와 진전 정도를 살펴볼 때 사용할 수 있다.

읽기유창성검사
(K-WCPM : Word Correct Per Minute)
　K-WCPM 검사는 읽기 유창성을 평가하는 검사이다. 읽기 시 두뇌에서는 문자해독과 내용 이해라는 두 가지 정보처리 과정이 동시에 진행된다. 읽기 유창성은 문자해독과 내용 이해를 연결하는 고리로 글을 빨리, 정확하게, 적절한 억양과 표현으로 소리 내어 읽을 수 있는 능력과 안정되고 정확하게 읽으면서 글의 의미와 주제에 집중할 수 있는 능력을 말한다.

측정 차수	세부 항목	어절 수	비고
1차 검사	(가) 1분간 읽은 총 어절 수	27	
	(나) 1분당 읽은 오류 어절 수	10	
	(다) 1차 검사에서 정확히 읽은 어절 수	17	(가)-(나)=(다)
2차 검사	(라) 1분간 읽은 총 어절 수	25	
	(마) 1분당 읽은 오류 어절 수	7	
	(바) 2차 검사에서 정확히 읽은 어절 수	18	(라)-(마)=(바)
3차 검사	(사) 1분간 읽은 총 어절 수	33	
	(아) 1분당 읽은 오류 어절 수	3	
	(자) 3차 검사에서 정확히 읽은 어절 수	30	(사)-(아)=(자)
K-WCPM	[(다)+(바)+(자)]/3	21.7	

K-WCPM 검사는 난독증 개선훈련 과정에서 읽기 유창성 지도 방향을 정하는 데 활용할 수 있으며, 훈련 효과나 진전 정도를 평가하는 데 활용된다.

K-WCPM 검사에서는 읽기 유창성을 평가하기 위하여, 1분간 읽기를 3차례 실시한다. 3차에 걸쳐 진행된 검사 결과를 종합해 읽기 속도와 함께 읽기 과정에서 읽기 자세가 바른지, 읽기 시 목소리에 자신감이 있는지, 발음이 정확했는지, 버벅거림이 있는지, 쫓기듯 급하게 읽는 모습을 보이는지, 문장을 손으로 짚어 가며 읽는지, 음운 첨가 및 삭제가 있는지, 조사를 틀리게 읽는 경우가 있는지, 단어나 문장을 빼먹고 읽는 모습을 보이는지, 리듬감 없는 로봇 읽기를 하는지, 내용은 이

해하며 읽는지 등을 평가한다.

사례_글을 모르는 초등학교 1학년 아동

지인에게서 문의 전화가 왔다. 아들이 올해 초등학교에 입학했는데 아직 글을 다 모른다고 걱정했다. 아들에게 7세 초반부터 한글을 열심히 가르쳤는데도 도통 늘지 않더니 지금은 글자만 가르치려 하면 도망간다는 것이었다.

초등학교 1학년이 글을 모른다고 무조건 난독증이라 할 수 없다. 부모님이 글자를 가르치는 데 무관심한 경우에는 초등학교 1학년에 올라가도 글자를 모를 수 있다. 하지만 학교 입학 전 1년 정도 글자를 가르치려 노력했는데도 글자를 못 익혔다면 난독증일 확률이 높다. 글자를 가르치려는데 도망가는 아동은 의심해 보아야 한다.

난독증은 일종의 증후군이다. 증후군이란 내면화된 심리·신체적 장애 또는 심리·사회적 문제가 생길 가능성을 나타내는 지표다. 글자만 가르치려 하면 도망가는 것은 이미 글 배우는 행위를 강한 스트레스로 여긴다는 지표이다.

학습은 관심과 호기심으로 시작된다. 아이들은 크면서 자연스럽게 글자에 관심을 가지게 된다. 그리고 적당히 노력해서 글자를 알게 되면 자신감을 느끼고, 주변에서 칭찬해 주면 더욱 관심이 생긴다.

난독증이 있는 아동들도 처음에는 관심과 호기심을 가지고 글을 접했을 것이다. 그런데 아무리 노력해도 글자가 잘 익혀지지 않으니 재미가 없다. 어른들이 재미없는 것을 강요하니 글을 배우는 행위가 스트레스가 되는 것이다.

> 글자를 가르치려고만 하면 산만해지고 글을 배우는 행위에 거부반응을 보인다면 초등학교 1학년이라도 난독증일 수 있다. 난독증은 조기 진단이 중요하다. 자녀가 지나치게 글 배우기를 싫어한다면 난독증 검사를 받아 보기를 권한다.

난독증을 확정적으로 평가하는 하나의 검사는 없다. 난독증 진단을 위해서는 난독증의 전반적인 모습을 이해해야 한다. 난독증 위험 정도를 평가하는 난독증 척도검사와 함께, 난독증 발생의 신경학적 원인을 평가하는 청각처리능력검사와 읽기능력검사가 필요하다. 난독증을 확진하기 위해서는 여러 검사 결과를 토대로 한 종합적인 판단이 필요하다.

07
난독증 개선방법

- 음운인식이 부족한 난독증
- 청각처리능력이 부족한 난독증
- 듣고 따라 읽기 지도
- 글자를 익히지 못한 난독증 아동의 읽기 지도
- 읽기 개선 가이드
- 읽기 유창성 지도 가이드

난독증 개선방법은 크게 '발음중심지도법'과 총체적 언어학습법인 '의미중심지도법'으로 나뉜다. 발음중심지도법은 1970~80년대에 만들어진 방법으로 난독증 아동에게 문자에 해당하는 발음을 가르쳐 주고, 읽기를 지도하는 고전적인 방법이다.

　난독증이 본격적으로 연구되기 시작한 시기는 1970년대부터이다. 이 시기에 난독증을 연구한 학자들은 지능, 시력, 청력이 정상이고 학습 환경에 문제가 없음에도 불구하고 읽기에서, 읽고 이해하는 데 어려움을 느끼는 아동들을 보고 그들의 두뇌에 신경생물학적인 문제가 존재한다고 생각했다. 하지만 이 시기의 과학기술이나 의학기술로는 문제의 원인을 파악할 수 없었다. 따라서 학자들은 난독증 증상을 유발하는 신경생물학적 원인이 무엇인지보다, 그들에게 공통으로 나타나는 음운인식 부족에 주목하고 음운인식 부족을 난독증의 원인으로 결론지었다. 그리고 개선방법으로 발음을 직접 가르치는 '발음중심지도'를 추천하였다.

　발음중심지도법은 글자를 알지만 음운인식의 부족으로 글자를 정확하게 읽어 내지 못하는 난독증 증상의 개선에는 일정한 효과가 있었다. 하지만 발음중심으로 지도를 받은 아동은 읽고 이해하는 능력이 잘 길러지지 않는다는 문제가 제기되었다. 이를 근거로 난독증 아동의 읽기 지도는 글자를 정확히 읽어 내는 데 초점을 맞춘 발음중심지도가 아니라, 의미를 이해하며 읽도록 지도하는 '의미중심지도'를 해야 한다는 주장이 대두되었다.

  뇌 과학이 발달하면서 난독증의 신경생물학적 원인이 밝혀졌다. 일반 아동은 읽기 시 좌뇌의 언어회로가 활성화되는 데 비하여, 난독증 아동은 좌뇌의 언어회로의 활성화가 약한 대신 우뇌를 더 많이 활용하는 것으로 밝혀졌다. 또한, 난독증 아동에게 발음중심지도를 하는 경우 읽기 시 일반 아동처럼 좌뇌의 언어회로가 활성화된다는 것도 밝혀졌다. 발음중심지도의 필요성을 주장하는 측에서는 이런 연구 결과는 발음중심지도가 난독증을 근본적으로 개선한다고 주장하였다. 하지만 의미중심지도의 필요성을 주장하는 측에서는 이런 연구 결과는 발음중심지도를 받은 난독증 아동이 읽기 시 좌뇌의 언어회로를 더 쓰게 되었다는 증거이지 읽기능력이 좋아졌다는 증거가 아니라고 반박하였다.

  그런데 최근 미국의 정신건강을 위한 국립연구소에서 난독증 개선 방법과 관련한 놀라운 연구 결과를 발표하였다. 성인들을 정상인, 난독증이 있었던 사람, 현재도 난독증이 나타나는 사람 세 그룹으로 나누어 f-MRI를 이용하여 읽기 시 두뇌활동을 촬영하여 그 사람의 현재 읽기능력을 측정하였다. 그 결과는 예상과는 달랐다. 정상인의 경우 예상대로 읽기 시 좌뇌 언어회로의 활성 상태가 좋은 사람일수록 읽기능력이 좋았다. 하지만 난독증이 있었던 사람과 현재도 난독증이 나타나는 사람의 경우 좌뇌 언어회로의 활성 상태가 좋은 사람일수록 읽기능력이 떨어지는 것으로 나타났다. 이러한 연구 결과는 우뇌를 활용하여 읽는 습관이 형성된 난독증 아동에게 발음중심지도(파닉스)를 통하여 좌뇌의 언어회로를 더 쓰게 하는 것이 장기적 관점으로 볼 때 그 아이의 읽기능력 향상에 방해가 된다는 것을 의미한다.

이러한 연구 결과는 예견된 것이다. 읽기 시 두뇌에는 문자해독과 내용 이해라는 두 가지 과정이 동시에 진행된다. 난독증 아동은 음운인식의 부족으로 문자해독의 과정에서 어려움을 느끼는데 정확한 읽기를 지도하는 발음중심지도를 받는 경우 문자해독에 과도한 주의를 기울이는 습관이 형성되고, 이러한 습관은 이해하며 빠르고 리듬감 있게 읽는 읽기 유창성 발달의 저해 요소로 작용한다.

미국의 경우 난독증 아동의 읽기 지도에 있어서 발음중심지도가 필요하다는 주장이 지속적으로 대두된다. 영어의 경우는 표기체계가 투명하지 못하기 때문에, 난독증이 있으면 글을 아예 읽지 못하는 사람이 나타날 수 있기 때문이다. 그래서 최소한 읽을 수는 있도록 발음중심지도를 해야 한다는 주장이 계속되는 것이다.

하지만 우리글은 표기체계가 투명하다. 한글에 대한 음운인식이 부족했던 아동도 초등학교 3~4학년이 되어 글자를 익히고 나면 읽을 때의 오류가 거의 나타나지 않는다. 이들에게 나타나는 난독증 증상은 읽기 유창성이 부족하거나, 읽은 내용을 이해하지 못하는 증상으로 나타난다.

난독증 개선에는 어떤 방법이 좋을까? 답은 난독증 개선의 목표를 확실히 아는 데 달려 있다. 난독증 개선의 목표는 정확한 발음으로 읽을 수 있도록 만드는 데 있지 않다. 글자를 배우는 단계에서 잘못된 읽기 습관이 만들어져 내용을 모르며 읽거나, 읽기 속도가 느리고 읽기 과정에서 여러 가지 오류가 나타나는 등 읽기 유창성이 부족한 경우가 나타나지 않게 도와주어야 한다.

난독증 개선의 목표는 첫째, 읽기에 대한 두려움을 극복하게 하는 것, 둘째, 내용을 이해하며 읽는 능력을 길러 주는 것, 셋째, 리듬감을 가지고 빠른 속도로 읽을 수 있는 읽기 유창성을 길러 주는 것이다. 그리고 최종적인 목표는 책 읽는 것을 좋아하는 마음을 만들어 주는 데 있다. 이렇게 하기 위해서는 난독증 아동의 두뇌 특성에 맞는 교육이 필요하다.

글자를 모르는 난독증 아동에게 파닉스를 가르쳐야 하나?

> 음운인식 + 파닉스 방식은 기존에 언어치료사가 이미 해 오던 방식으로, 미취학 시기의 학습지 교사나 학교 교사들의 한글 교육과 크게 다르지 않다. 이렇게 가르쳤음에도 여전히 난독증이 해결되지 않는 이유는 난독증 아동들의 두뇌 특성에 맞는 교육이 진행되지 못했기 때문이다.

음운인식이 부족한 난독증

　난독증 아동은 음운인식이 부족하다. 그래서 음운인식 부족으로 난독증이 발생한다고 생각하여, 음운인식을 직접 가르치면 난독증이 개선될 것이라 착각하기 쉽다. 그런데 난독증 아동이 보이는 음운인식 부족은 원인이 아니라 증상이다.

　난독증 아동에게 음운인식 부족이 나타나는 이유는 말소리에 익숙하지 않아서이다. 그리고 그 원인은 출생 후 주의를 기울여 접한 우리말 소리의 양이 절대적으로 부족하기 때문이다. 그렇다면 왜 이들은 자라면서 정확히 들은 말소리의 양이 부족하게 되었을까? 그 이유는 아주 다양하다. 언어발달이 늦어서일 수도 있고, 언어발달은 정상적으로 이루어졌지만 어려서 중이염을 자주 앓아 다른 사람의 정확한 말소리를 듣지 못해서일 수도 있고, 보호자의 발음이 좋지 않아서일 수도 있다.

　하지만 정확히 들은 양이 부족하게 된 가장 큰 이유는 정보처리 방식에 있다. 두뇌에는 정보를 인지하는 두 가지 방식이 있다. 하나는 인지 단계에서 정보를 사실적으로 정확하게 인식하는 방식으로 주로 좌뇌가 주관한다. 또 하나는 전체적, 통합적으로 인지하여 흐름 속에서 맥락을 파악하여 인식하는 방식으로 주로 우뇌가 주관한다. 이 두 가지 방식이 서로 협응을 잘해야 한다.

　그런데 난독증 아동은 대체로 사실적으로 정확하게 인식하기보다는 흐름 속에서 맥락을 파악하여 인식하는 방식을 사용한다. 그리고 맥락이 파악되면 그 정보에 주의를 기울이지 않는다. 이러한 정보처리 방식은 건성으로 듣고, 건성으로 보는 습관을 만든다. 그래서 그들이 자라는 동안 우리말 소리에 주의를 기울여 정확히 들은 양이 부족하고 이로 인해 우리말이 익숙하지 않게 된다.

난독증 아동의 대부분은 이야기의 맥락을 파악하여 인식하는 능력이 강하기 때문에, 우리말을 정확히 인식하는 능력은 약하지만 언어소통에는 문제가 없다. 하지만 글자를 처음 배우는 시기에는 맥락을 파악하여 인식하는 능력보다 사실적으로 정확하게 인식하는 능력이 필요하기 때문에 어려움을 겪는 것이다.

이때, 부모님이나 선생님이 난독증에 대한 이해가 부족해 잘못된 방법으로 아동을 지도하게 되면, 아동의 글을 배우려는 욕구를 후퇴시키거나, 잘못된 읽기 습관을 길러 주게 된다. 난독증 아동의 두뇌 특성에 맞는 강점을 살리면서 약점을 보완하는 읽기 지도가 필요하다.

개선방법

난독증을 개선하기 위해서는 현재 아동에게 나타나는 증상에만 초점을 맞추어 개선하려고 하면 안 된다. 증상 개선에 앞서 발생 원인을 잘 파악해 잘못된 읽기 습관을 바로잡아 주어야 한다. 난독증 아동은 음운인식이 부족하다. 자라는 동안 우리말 소리에 주의를 기울여 정확히 듣는 시스템이 제대로 만들어지지 않은 것이다.

음운인식 유형에는 세 가지가 있다.

첫 번째 유형은 음운표상이 제대로 형성되지 못한 경우이다. 이런 유형의 아동은 발음이 좋지 못하거나, 들은 대로 따라 말하지 못한다. 예를 들어, 선생님이 [곰곰이는]이라고 읽어 주고 따라 읽기를 지도할 때 아동은 [돔돔이는]이라고 따라 읽는다.

두 번째 유형은 아동의 정보인지 방식이 정보를 사실적으로 정확하게 인식하는 방식보다 전체적, 통합적으로 인지하여 흐름 속에 맥락을 파악하여 인식하는 성향이 매우 강한 경우이다. 이러한 정보처리 방식은 건성으로 듣고, 건성으로 보는 습관을 만들어 우리말 소리에 주의를 기울이는 능력을 부족하게 만든다. 하지만 이런 유형의 아동은 발음에 문제가 없으며, 들은 대로 따라 말하라고 지시하면 정확히 따라 할 수 있다.

세 번째 유형은 첫 번째 유형과 두 번째 유형이 복합되어 나타나는 경우다. 이런 유형에 해당하는 아동은 발음도 좋지 못하고 건성으로 듣고, 건성으로 보는 모습을 보인다.

세 가지 유형에 따라 나타나는 난독증 증상은 각양각색이다. 어떤 아동은 읽기 부분 이외에는 아무런 문제가 없고, 어떤 아동은 읽기 문제뿐 아니라, 말이나 행동에서 어설픈 모습을 함께 보인다. 또 어떤 아동은 읽기에는 문제가 없어 보이는데 쓰기나 이해력, 행동에서 문제가 보이기도 한다. 그래서 아동에게 나타나는 이런 문제들이 난독증 때문인지 아닌지 헷갈리기도 한다. 그런데 이 세 가지 유형의 아동들에게는 하나의 공통점이 있다. 선택적으로 주의집중을 담당하는 뇌간과 우리말에 주의를 기울이는 시상영역에서의 힘이 약하다는 것이다. 우리는 자라면서 여러 가지 소리 중에서 우리말에 집중하는 힘이 생기고, 여러 사람이 말하는 가운데에서도 들어야 할 사람의 말에 집중하게 된다. 이 능력 때문에 소란스러운 환경에서도 들어야 할 친구의 말에 집중할 수 있다. 난독증 아동은 이 능력이 약한 것으로 밝혀졌다.

읽기란 문자를 말소리로 바꾸는 과정에서 시작한다. 난독증은 우리말의 리듬이나 정확한 발음이 익숙하지 않아, 읽기 시 두뇌에서 즉각적으로 내용을 정확하게 처리하는 데 어려움이 있어 나타나는 문제이다. 따라서 우리말에 주의를 기울이는 습관을 만들어 주는 것은 난독증 개선의 핵심 중 하나이다.

우리나라 아동들은 우리말 환경 속에 있다. 우리말에 주의를 기울이는 습관만 만들어 주면 아동은 자연스럽게 우리말에 익숙해진다. 이렇게 되면 선생님이 조금만 지도해 주어도 잘못된 읽기 습관을 바로잡아 좋은 읽기 습관을 만들어 줄 수 있다.

난독증 개선에 청지각훈련이 필요한 이유가 여기에 있다. 청지각훈련은 두뇌의 소리 패턴을 분석하는 능력과 빠른 변화를 정확하게 인식하는 능력이 향상되고, 소음이 있는 곳에서 들어야 할 말에 집중하는 힘을 길러 준다.

소음에 민감한 사람은 읽기능력이 떨어진다

난독증이 언어처리와 관련된 청각정보처리능력의 부족으로 나타난다는 연구가 밝혀지기 이전에도, 소음에 민감한 사람은 읽기능력이 떨어진다는 것을 밝힌 연구가 있었다. 연구가 이루어지던 당시만 해도 읽기능력은 시지각과 밀접한 관계가 있다고 생각했다. 읽기 시 나타나는 난독증 증상을 눈으로 문자를 인식하는 과정에서 나타나는 양 눈의 협응에 문제라고 생각해 시각적 난독증이란 표현을 사용하던 시기였다. 그래서 소음에 민감한 사람은 읽기능력이 떨어진다는 연구가 처음 발표되었을 때, 많은 연구자가 충격을 받고, '읽기의 발달이 청지각 발달과 연관이 있구나' 하고 처음으로 인식했다.

일반 아동은 의미가 있는 정보에만 집중한다. 하지만, 난독증 아동들은 의미가 있는 정보에만 집중하지 못하는 것으로 밝혀졌다. 즉 난독증 아동들은 두뇌가 주변의 소음에 민감하게 반응하기 때문에 집중해야 할 정보에 집중하는 힘이 떨어진다.

소음에 민감하면 읽기능력이 떨어지는 이유

문자는 말소리에 형태를 부여한 것으로, 읽기 시 두뇌에서는 눈으로 인식된 문자를 말소리로 바꾼다. 이것을 문자해독의 과정이라고 한다. 그런데 두뇌의 움직임만 보면, 인식된 문자를 말소리로 바꾸는 과정은 다른 사람이 읽어 주는 소리를 인식하는 과정과 같다.

즉 읽기는 다른 사람이 내게 읽어 주는 말을 듣는 것처럼, 문자해독의 과정을 통하여 내가 내 뇌에 읽어 주는 것이다. 두뇌에서 이루어지는 읽기 과정은 문자해독의 과정과 더불어 한 가지 과정이 더 이루어진다. 문자해독의 과정을 통하여 말소리로 인식된 정보를 이미 기억에 저장된 정보를 이용하여 이미지로 바꾼다. 이것을 내용 이해의 과정이라고 한다. 읽기 시 두뇌에서는 이 두 가지 과정이 동시에 이루어진다.

난독증 아동의 부모님과 상담하다 보면, 자녀가 부모님이 읽어 주면 내용을 다 아는데 혼자 읽으면 잘 읽는 것 같은데도 내용을 이해하지 못하는 모습을 보여 답답하다는 말을 종종 듣는다. 이런 증상은 읽기 시 두뇌에서 문자해독의 과정과 내용 이해의 과정이라는 두 가지 과정이 동시에 이루어지는 것과 관련이 있다. 다른 사람이 읽어 줄 때는 내가 읽을 때와 달리 문자해독의 과정이 필요 없다. 내가 아는 지식을 이용하여 이해하면 된다. 하지만 혼자 읽을 때는 다르다. 문자해독의 과정이 이루어져야만 내용 이해의 과정이 이루어질 수 있다.

난독증으로 문자해독의 과정에 어려움이 있는 경우, 잘 읽어 내기 위해서는 문자해독의 과정에 주의를 기울여야 하고, 그러다 보니 내용을 파악하지 못하는 것이다.

예를 들어, '들판에 들소가 춤을 추고 있어요'라는 문장을 소리 내어 읽어 준다고 하자. 이 문장을 들은 아동은 푸른 들판에서 들소가 춤을 추는 상상을 할 것이다. 즉, 아동은 내용을 들으며 내가 이미 알고 있는 지식을 바탕으로 상상한다.

마찬가지로 아동이 '들판에 들소가 춤을 추고 있어요'란 문장을 읽어도 아동은 푸른 들판에서 들소가 춤을 추는 상상을 하게 될 것이다. 이것이 내용 이해의 과정이다.

그런데 소음에 민감한 사람은 소음이 있는 곳에서는 듣는 내용이나 읽는 내용에 집중하지 못한다. 내용을 이해하기 위해서는 이미 알고 있는 지식을 이용하여 이미지로 만들어야 하는데, 주변 소음의 간섭으로 그 과정에 어려움을 겪는 것이다.

읽기능력을 기르기 위해서는 먼저 소음이 있는 곳에서도 자신의 목소리에 집중하는 힘을 길러야 한다. 아주 작은 소리에도 집중이 무너지는 경우 청지각훈련의 도움을 받을 필요가 있다.

청각처리능력이 부족한 난독증

난독증은 음운인식이 부족하거나, 좌·우뇌 협응이 부족해 건성으로 듣고, 건성으로 보는 경향이 복합적으로 작용하여 나타나는 읽기 부진이다. 요인은 여러 가지이며, 증상도 매우 다양하다.

하지만 난독증 증상에는 공통점이 있다. 선택적 주의집중을 담당하는 뇌간과 시상영역에서 우리말에 주의를 기울이는 힘이 약하며 이로 인해 잘못된 읽기 습관이 형성된다는 것이다.

따라서 난독증 개선방법은 기본적으로 난독증 아동에게 공통으로 나타나는 우리말에 주의를 기울이는 힘이 약한 점을 길러 줄 수 있어야 한다. 또한, 난독증으로 잘못된 읽기 습관이 만들어지는 것을 예방할 수 있어야 하며, 이미 만들어진 잘못된 읽기 습관을 교정할 수 있어야 한다. 난독증 개선훈련에 청지각훈련을 병행해야 하는 이유가 여기에 있다. 청지각훈련은 난독증 아동에게 공통으로 나타나는 듣기 부진을 개선해 우리말에 주의를 기울이는 힘을 길러 준다.

앞에서 말했듯이 난독증 아동은 무의식영역에서 선택적 주의집중을 담당하는 뇌간과 시상에서 우리말에 주의를 기울이는 습관이 부족하다.

우리나라 사람의 경우 영어를 잘하는 사람일지라도 원어민과 대화할 때는 상대방의 말을 알아듣기 어렵다. 상대방의 말이 빠르거나, 발음이 부정확하다면 더욱 알아듣기 힘들다.

발음을 가르치는 방식만으로는 무의식영역인 뇌간과 시상에서 주변의 무의미한 소리와 구별하여 들어야 할 말에 집중하는 힘이 제대로 길러지지 못하기 때문이다. 이런 경우 집중하지 않으면 말소리의 미세하고 빠른 변화를 인식하기 어렵다.

즉, 난독증 아동에게 우리말에 주의를 기울이는 힘을 길러 주기 위해서는 음운의 발음을 가르치는 방법만으로 부족하다. 청지각훈련은 두뇌의 소리 패턴을 분석하는 능력과 말소리의 빠른 변화를 정확하게 인식하는 능력을 길러 주어 뇌간과 시상에서 들어야 할 말에 집중하게 한다

청각처리 장애(APD : Auditory Processing Disorder)와 난독증

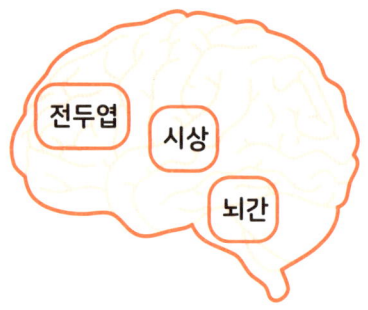

| 두뇌에서 집중력을 담당하는 시스템 |

뇌 과학이 발달하면서 음운표상의 문제가 난독증의 주요 원인임이 밝혀졌다. 음운표상은 자라면서 소리를 정확하게 처리하는 청각처리

능력을 기반으로 자연스럽게 발달한다. 따라서, 청각처리의 문제가 난독증의 가장 근본적 원인이라 할 수 있다.

주의·집중력 시스템을 담당하는 두뇌영역은 뇌간과 시상 그리고 전두엽이다. 전두엽은 두뇌의 지휘자 또는 사령관으로, 의식 영역에서 주의·집중력 시스템을 지휘하여, 수많은 정보 중에 현재 집중해야 할 정보에 집중하도록 한다.

또한, 전두엽은 입력된 정보를 처리하는 데 필요한 두뇌 여러 부위를 지휘하는 역할도 한다. 이와 달리 뇌간과 시상은 무의식영역에서 주의·집중력을 조절한다. 뇌간은 눈, 귀, 촉각 등의 감각기관을 통해 두뇌로 입력된 수많은 정보 중에 나에게 의미 없는 정보를 필터링하며, 시상은 뇌간에서 필터링되지 않은 정보 중에 가장 의미 있는 정보를 전두엽에 보고하는 역할을 한다.

전두엽이 정상적으로 주의·집중력 시스템을 조절하는 경우, 최상의 집중력을 발휘할 수 있다. 하지만 전두엽은 주의·집중력 시스템을 장시간 조절할 수는 없다. 전두엽이 집중하여 처리할 수 있는 정보의 양은, 두뇌로 입력된 정보의 양에 비하여 매우 적다. 전두엽 혼자서 두뇌로 입력된 수많은 정보 중에서 필요한 정보에 집중하게 지휘하려면, 정신 에너지 소모가 너무 많다. 그런데도 장시간 동안 주의·집중력 시스템을 조절하면 각성이 불안해져 불안 장애나 강박적인 성격이 나타난다.

이런 이유로 높은 주의·집중력을 갖기 위해서는 무의식영역에서 불필요한 정보를 걸러 주고 필요한 정보만을 전두엽에 보고하는 뇌간과 시상의 기능이 좋아야 한다.

그런데 독일 막스플랑크연구소의 난독증 연구에 의하면 난독증 아동은 말소리처리 과정에서 이 시스템에 문제가 있는 것으로 밝혀졌다.

의미 없는 소리를 처리할 때는 난독증이 있는 사람이나 일반인이나, 두뇌에서 소리 정보처리를 담당하는 시상의 기능에 차이가 없는 것으로 밝혀졌다.

하지만 사람의 말소리처럼 의미 있는 소리 정보를 처리할 때는, 정상적으로 처리하는 일반인과는 달리 난독증이 있는 사람들은 청각 신호가 대뇌로 전달되는 과정이 원활하지 않았다. 이러한 연구 결과는 난독증이 있는 사람은 청력에는 문제가 없으나 사람의 말소리 등 의미 있는 소리를 변별하여 듣는 능력인 어음청취력에는 문제가 있다는 것을 의미한다. 이런 능력이 부족한 경우 자라는 동안 음운표상이 명료하게 발달하기 어렵다.

4세 또는 5세 아동에게 "파파파" 또는 "타타타" "카카카"라는 소리를 따라 하라고 시키면 모든 아동이 정확히 따라 한다. 하지만 "파타카"라는 소리를 따라 하라고 시키면 말소리처리능력이 부족한 아동은 "파타카"라고 따라 하지 못하고, "파파카" 등으로 잘못 따라 하는 경우가 많다.

두뇌는 하나의 소리 정보를 처리하고 나면, 다음 소리 정보를 처리할 준비를 하느라 시간이 걸리는데, 마이클 머제니치 박사와 파울라 탈란 박사의 연구에 의하면 말소리처리능력이 부족한 아동은 준비하는 시간이 일반 아동보다 더 많이 걸리는 것으로 밝혀졌다. 즉, 언어발달이 늦은 아동은 [파] 소리를 처리하고 다음 소리 정보를 처리할 준비를 하는 데까지 시간이 오래 걸려 다음에 따라 들리는 [타] 소리를 인지하지 못해, [파파카]라고 따라 하는 것이다.

마이클 머제니치 박사와 파울라 탈란 박사의 난독증 아동과 일반 아동의 청각처리속도를 비교한 연구가 있다. 올라가는 소리와 내려가는 소리 두 개의 소리를 0.3초 이상의 긴 시간 차이를 두고 들려준 후, 두 개의 소리를 구별하게 하면 난독증 아동이나 일반 아동이나 차이가 없다.

하지만 그보다 짧은 시간 차이로 두 개의 소리를 들려주고 이를 구별하게 하면, 난독증 아동은 일반 아동보다 두 소리의 구별에 대한 오답이 현저하게 높은 것으로 밝혀졌다.

음소는 소리의 시작이 '위로 올라가는(upward) 소리'와 '아래로 내려가는(downward) 소리'가 있다. 이런 요소를 '음성에서의 초분절적 요소(subsounds in speech)'라고 하는데, 이렇게 올라가는 소리나 내려가는 소리의 차이로부터 음소의 변별이 시작된다. 이 기능에 이상이 있으면 음소, 특히 자음처럼 지속시간이 짧은 음을 구별하는 능력이 부족하게 되어 음소인식능력(phonemic awareness)에 중대한 결손이 생긴다.

청각처리속도검사는 시간 차이를 두고 연속해서 들려주는 두 개의 소리를 정확히 변별할 수 있는 최소한의 시간 차이가 얼마인지를 측정하는 검사이다. 음운표상의 기반을 평가하기 위하여, 청각처리속도검사를 난독증 평가에 사용하는 이유가 여기에 있다. 과학저널 《사이언스》에 발표된 마이클 머제니치 박사와 파울라 탈란 박사의 또 다른 연구에서는 난독증 아동에게 이러한 초분절적 요소를 변별할 수 있는 능력을 강화하는 것만으로 읽기능력이 향상된다는 것을 입증했다.

청각처리훈련의 필요성

난독증을 개선하기 위해서는 읽기 지도와 함께 청각처리훈련을 병행할 필요가 있다. 난독증은 음운표상이 좋지 않아 나타나는데, 음운표상은 말소리에 대한 청각처리능력을 바탕으로 발달한다. 청각처리능력이 개선되지 않은 상태에서는 난독증을 일으키는 음운표상이 쉽게 좋아지지 않는다.

자음과 모음으로 이루어진 하나의 음절이 0.3초 정도 되는 긴소리 길이를 가진 것과 달리, 음소(자음)는 0.04초 정도 수준의 매우 짧은 소리 길이를 가졌다. 이런 까닭에 청각처리능력 0.04초 수준의 '작고 빠른 소리의 변화'를 감지할 수 있어야 음소 수준의 소리를 인식하여 처리할 수 있다.

하지만 마이클 머제니치 박사와 파울라 탈란 박사의 연구에 의하면 소리의 변화를 구별하는 능력에서, 난독증 아동은 일반 아동과 차이를 보인다. 소리 길이가 음절 수준인 0.3초 이하로 짧아지는 시점부터 오답률이 높아지기 시작해서, 음소 수준인 0.04초에서는 일반 아동과 차이가 확연해진다. 즉, 난독증 아동은 '작고 빠른 소리의 변화'를 감지하는 청각처리능력이 부족한 것이다.

말소리 속에는 음소 수준보다 더 하위 수준의 소리 요소가 있다. 올라가고 내려가는 초분절적 소리 요소를 '스윕사운드'라고 부른다. 그런데 스윕사운드를 빠르게 구별하는 능력이 부족한 경우, 읽기능력과 언어 능력이 부족하다는 것이 마이클 머제니치 박사와 파울라 탈란 박사의 연구를 통하여 확인되었다. 이러한 초분절적 요소에 대한 구별 능력은 무의식적으로 자동화된 기전으로, 번개처럼 빨리 처리가 되어야 한다. 이 능력이 충분히 발달되지 않으면, 음운인식을 직접 가르치는 수업을 받아도 아동이 쉽게 학습하지 못한다.

반복적으로 음운인식을 가르쳐서 음소를 구별하는 능력이 생긴 경우도 있다. 하지만 충분하게 청각처리능력이 좋아진 상태가 아니면, 문자해독에서 의식적으로 노력을 더 많이 기울여야 한다. 즉, 청각처리능력이 번개처럼 빠른 속도로 자동화되지 않으면, 그만큼 더 많은 뇌의 자원을 필요로 한다. 만약 내용 이해에 필요한 자원이 부족해지면, 내용을 이해하지 못하며 읽는 잘못된 읽기 습관이 형성되는 것이다.

 음운표상은 다른 사람의 말소리를 들으면 정교해지는 능력이다. 하지만 난독증이 있는 아동은 다른 사람의 말소리에 집중하는 힘이 약하다. 따라서 난독증 개선을 위해서는 읽기 지도와 함께 다른 사람의 말소리에 집중하는 능력을 길러 주는 청각처리능력 향상 훈련을 병행하는 것이 좋다.

청각처리훈련의 효과

연구 기관	연구 종류		훈련 결과
노디스카 토마티스센터 (스웨덴)	주의집중력		훈련 전보다 주의집중력이 평균 20% 상승
로스스웨인 센터연구 (캘리포니아, 미국)	기억력	청각 기억 수치	훈련 전 평균 9.6점에서 → 46.0점으로 상승
		청각 기억 역수치	훈련 전 평균 19.1점에서 → 37.4점으로 상승
		청각 기억 단어	훈련 전 평균 12.2점에서 → 48.5점으로 상승
		청각 기억 문장	훈련 전 평균 16.4점에서 → 56.6점으로 상승
브릭월 하우스 연구1, 연구2 (East Sussex, 영국)	읽기 능력	WRAT 읽기-독해	훈련 안 받은 그룹과 비교하여 32점 상승
		WRAT 맞춤법 -표현	훈련 안 받은 그룹과 비교하여 33점 상승
		NEAL리딩 (정확도)	훈련 안 받은 그룹과 비교하여 10점 상승
		NEAL리딩 (이해)	훈련 안 받은 그룹과 비교하여 12점 상승

듣고 따라 읽기 지도

　난독증 증상은 글을 배우는 데 어려움이 있는 경우, 읽기 시 오류가 많은 경우, 읽기 속도가 느린 경우, 읽은 내용에 대한 이해력이 부족한 경우 등 매우 다양하다. 이렇게 증상이 다양하다 보니, 난독증에 대한 이해가 부족한 경우, 개선방법도 증상에 따라 다르게 접근하기 쉽다. 하지만 앞서 말했듯이 난독증은 우리말에 주의를 기울이는 힘의 부족으로 잘못된 읽기 습관이 만들어진 것이기에, 우리말에 주의를 기울이는 힘을 길러 주며, 이를 바탕으로 읽기 습관을 새로 만들어 주어야 한다.

　우리말에 주의를 기울이는 힘을 길러 주는 데는 청지각훈련이 큰 도움이 된다. 새로운 읽기 습관을 만들어 주려면 아동의 지적 수준에 맞는 적은 분량의 글로 이루어진 텍스트를 제공해야 한다. 선생님이 먼저 어절 단위와 의미 단위로 읽어 주고, 아동이 듣고 따라 읽도록 지도하는 '듣고 따라 읽기' 지도가 큰 도움이 된다. 어절 단위로 읽어 줄 때 어절의 끝모음을 길게 빼며 읽어 주어야 한다. 난독증 아동은 언어정보처리능력이 약하기 때문이다.

　학습의 과정을 살펴보면 일반적으로 학습해야 할 정보는 시각 또는 청각 정보로 입력되는데 입력된 정보는 감각 등록기에 짧은 시간 저장되었다가 단기기억으로 전환되며, 자신이 이미 알고 있는 정보와 연합(작업기억)하여, 장기기억으로 저장된다.

그런데 감각 등록기에 등록된 정보는 즉시 처리되지 않으면 유실된다. 따라서, 빠르게 변화하는 말소리의 변화를 정확하게 인지하는 능력이 약한 난독증 아동에게는 어절의 끝모음을 길게 빼며 읽어 주어야 한다.

선생님이 일반적인 방법으로 읽어 주면 주의를 기울여 처리하기에는 너무 빠른 선생님의 말소리를 정확히 인지하기 어렵고, 듣고 따라 읽는 수업을 통하여 말소리 구조를 인식하는 능력이 자라기 어렵다. 하지만 어절의 끝모음을 길게 빼며 읽어 주면 난독증 아동도 감각 등록기에 등록된 정보를 주의를 기울여 처리할 수 있다.

이때 정보는 단기기억으로 저장되며 이런 과정이 반복되면 말소리 구조를 인식하는 능력이 자연스럽게 자라나 장기기억으로 저장되기 때문에, 이를 통하여 음운인식력이 좋아진다. 또 어절 단위로 읽어 줄 때 어절의 끝모음을 길게 빼며 읽어 주면, 따라 읽는 아동이 리듬감을 가지고 의미 단위로 끊어 읽는 능력을 키우게 된다.

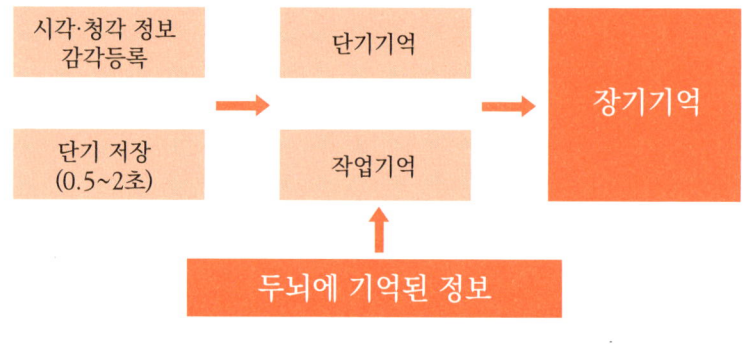

| 학습의 과정 |

'듣고 따라 읽기'를 지도할 때의 주의점

첫째, 아동의 읽기능력이 부족할수록 선생님이 읽어 주는 속도가 느려야 한다. 그냥 천천히 읽는 것이 아니라, 어절의 끝모음을 길게 빼며 읽어 주어야 한다. 이렇게 하면 우리말에 주의를 기울이는 힘이 부족한 아동도 읽어 주는 말에 주의를 기울일 수 있다.

또한, 글을 다 익히지 못한 아동은 텍스트에 있는 문자가 어떤 말소리인지 경험하며 자연스럽게 글자를 익히게 된다. 글자를 이미 알고 있는 아동도 의미 단위로 읽는 경험을 하며 내용을 이해하는 힘을 기를 수 있다.

둘째, 하나의 텍스트로 5회 이상 반복하여 '듣고 따라 읽기'를 지도해야 한다. 난독증은 말소리처리능력의 부족으로 나타난다. 반복하여 같은 텍스트를 따라 읽다 보면, 아동은 우리말 처리능력이 더 정확해지고, 익숙해질 것이다. 반복된 읽기를 통하여 텍스트를 외울 수 있으면 더 좋다.

셋째, 읽기를 가르치는 것이 아니라 경험시킨다는 생각으로 지도해야 한다. 난독증은 지식의 문제가 아니라 숙련도의 문제이다. 읽기 요령만 가르치려 하면 안 된다.

아동이 선생님이 읽어 준 대로 따라 읽지 못하는 것은 그것을 해낼 준비가 안 되었기 때문이다. 그런 경우 더 많은 경험을 시켜 주어야만 해낼 수 있다. 만약 아동이 선생님이 읽어 준 대로 따라 읽지 못한다면 텍스트의 난이도가 아동에게 높다는 뜻이다. '듣고 따라 읽기' 지도 시 아동의 수준에 맞추어 텍스트를 선정하거나, 읽어 주는 속도를 조절해 주어야 한다.

난독증이 있는 아동은 청지각훈련과 듣고 따라 읽는 훈련을 통해 자연스럽게 의미 단위로 읽는 힘이 자라고 새로운 읽기 습관이 형성된다. 청지각훈련은 우리말에 주의를 기울이는 힘을 강화하여, '듣고 따라 읽기'의 읽기 지도 효과를 극대화한다. 청지각훈련을 병행하지 못하는 경우에도 '듣고 따라 읽기' 지도는 효과적이다. 우리말에 주의를 기울이는 힘을 길러 주고, 새로운 읽기 습관을 만들어 준다. 자녀의 읽기능력이 부족하다면 '듣고 따라 읽기' 지도를 추천한다.

글자를 익히지 못한
난독증 아동의 읽기 지도

 읽기 시 두뇌의 수용성 언어영역에서는 읽어야 할 문자에 해당하는 말소리를 불러낸다. 그런데 이런 과정이 말소리의 최소 단위인 음소 단위로 이루어질 것으로 생각하는 사람이 있다.

 예를 들어, '감나무'란 문자를 읽는다고 가정하자.

감 → ㄱ + ㅏ + ㅁ
나 → ㄴ + ㅏ
무 → ㅁ + ㅜ

 위처럼 '문자를 음소 단위로 분해하여 해당하는 음소를 조립할 것이다'라고 생각하는 것이다. 물론 그런 경우도 있지만, 대부분은 '감나무'를 통으로 인식한다.

문자는 말소리에 형태를 부여한 것이다.

 두뇌의 수용성 언어영역에는 수많은 말소리가 저장되어 있다. 그런데 말소리의 저장은 어절 단위로 시작된다. 우리가 일상에서 쉽게 접하게 되는 말소리가 어절 단위이기 때문이다. 하지만 시간이 흘러 더 많은 말소리를 경험하게 되면, 하나의 어절이 더 작은 음절 또는 음소로 이루어졌다는 말소리의 구조를 깨닫게 된다.

즉, 두뇌의 말소리처리능력은 어절 단위로 처리하는 능력이 음소 단위로 처리하는 능력보다 훨씬 우세하다. 이런 까닭에 읽기 시 두뇌는 어절 단위로 인식된 문자는 어절 단위로 읽어 내며, 음절 단위로 인식된 문자는 음절 단위로 읽어 낸다.

문자를 인식하여 처리하는 방식은 두 가지가 있다. 하나는 좌뇌 주도로 인식된 문자를 음소 단위로 해체하여 순차적으로 처리하는 방식이다. 한편, 우뇌 주도로 그림을 인식하듯이 처리하기도 한다. 자동차 그림을 보면 [자동차]란 말소리를 연상하는 것처럼, 익숙한 단어의 경우 자동차란 단어를 보는 순간 [자동차]란 말소리를 연상하는 것이다.

아래의 글을 천천히 읽어 보자.

> 영국 캠리브지 대학의 연구 결과에 따르면, 한 단어 안에서 글자가 어떤 순서로 배되열어 있는가 하것는은 중하요지 않고, 첫 째번와 마지막 글자가 올바른 위치에 있것이 중하요다고 한다. 나머지 글들자은 완전히 엉진망창의 순서로 되어 있지을라도 당신은 아무 문없제이 이것을 읽을 수 있다. 왜하냐면 인간의 두뇌는 모든 글자를 하나 하나 읽것는이 아니라 단어 하나를 전체로 인하식기 때이문다.

위의 긴 문장을 자세히 보면 중간중간 4음절로 이루어진 단어의 중간 음절 두 개의 순서가 바뀌어 있다는 것을 알 수 있다. 그런데 아무 생각 없이 빨리 읽으면 어절이 틀리게 쓰여 있는지 모르고 원래의 단어로 읽는 모습을 보인다. 이것이 바로 우리가 문장을 읽을 때 익숙하지 않은 어절은 문자를 해체해 음소 단위로 순서대로 처리하지만, 익숙한 어절은 앞뒤 맥락으로 판단하여 그림처럼 한 번에 처리한다는 것을 보여 주는 사례이다.

난독증 아동은 건성으로 보고, 건성으로 듣는 습관으로 음운표상이 좋지 않으며, 이로 인한 음운인식 부족으로 말소리 구조를 잘 알지 못한다. 이런 까닭에 글 읽는 방법을 지도할 때, 음소 단위로 말소리 구조와 문자 구조를 대입하여 가르치는 방법은 효과적이지 않다. 맥락을 활용하여 내용을 이해하며 읽는 능력의 발달에도 부정적인 영향을 끼쳐, 내용을 모르며 읽는 습관이 길러지기 쉽다.

이에 비해, 난독증 아동도 어절 단위의 말소리를 처리하는 능력은 문제가 없다. 글 읽는 방법을 지도할 때, 어절 단위로 읽어 주고, 따라 읽도록 지도하는 학습 방법은 매우 효과적이며, 읽기 유창성 발달에도 큰 도움이 된다.

발음중심지도의 문제점

> 글자를 모르는 난독증 아동에게 발음중심지도법인 음운인식 + 파닉스 방식으로만 접근하면, 아동이 한글 학습에 어려움을 많이 느낀다. 게다가 글을 다 배운 이후에도 여전히 유창성의 문제가 남게 된다. 이렇게 전체적인 시각이 아니라 부분에 집착한 방식은 결국 '해독'에만 집중하게 만드는 부작용이 나타날 위험이 있다. 책을 읽는 목적은 내용

의 이해이다. 글을 읽어 내기만 하면 끝나는 것이 아니다. 해독에만 집중하는 읽기 습관은 결국 내용을 이해하지 못하며 읽는 나쁜 읽기 습관을 만들기 쉽다.

읽기 개선 가이드

동시를 활용한 읽기 지도 가이드

1. 동시를 처음부터 끝까지 리듬 있게 읽어 준다.
2. 한 번 읽어 준 동시를 어절 단위로 읽어 주고, 아동이 동시 텍스트를 보며 선생님을 따라 읽도록 지도한다. (5회 이상 반복)
3. 아이가 혼자 읽도록 한다.
   (리듬 있게 잘 읽으면 5회 반복하도록 지도한다. 하지만 잘못 읽으면 2번으로 돌아가 읽어 주고 따라 읽도록 지도한다.)
4. 혼자 읽은 동시를 암송하도록 지도한다.

'동시 따라 읽기'는 글자를 모르거나, 읽기 난조가 심한 아동의 읽기 개선에 매우 효과적이다. 동시를 따라 읽다 보면, 자신도 모르게 글자를 익히고, 의미 단위로 리듬감 있게 읽는 능력을 기를 수 있다. 또 동시를 외우다 보면 언어에 대한 기억력도 향상된다.

읽기 지도 시에 주의할 점은 아이가 혼자 읽을 때 글자를 몰라 주춤하는 모습을 보이면, 부모님이 리듬감 있게 바로 읽어 주어야 한다는 것이다. 훈련 초기에 텍스트로 사용하는 동시는 짧아야 한다. 그렇지 않으면 아이가 읽기와 동시 외우는 것에 대한 부담감을 느껴 훈련을 거부하기 쉽다.

읽기 유창성 지도 가이드

난독증 개선을 위한 읽기 유창성 지도방법

1. 큰 소리로 읽도록 지도하여야 한다. 유창성은 무작정 많이 읽는다고 해서 늘지 않는다. 리듬감 있게 소리 내어 읽을 때 향상된다.
2. 부모님이 먼저 한 번 읽어 주고 같은 방법으로 읽도록 지시한다. 참고로 어절 단위로 읽어 주고 따라 읽도록 지도하면 더 효과가 있다.
3. 따라 읽기 지도 후 5회 이상 텍스트를 반복해서 읽도록 한다.

5회 반복 훈련방법

> 1회 : 편한 마음으로 천천히 내용을 이해할 수 있게 속도를 조절하여 읽도록 지도한다.
> 2회 : 감정을 섞어서 리듬을 타며 재미있게 읽도록 지도한다.
> 3회 : 1회 읽기처럼 편한 마음으로 읽되 1회보다 빨리 읽도록 지도한다.
> 4회 : 2회 읽기처럼 감정을 섞어서 리듬을 타며 재미있게 읽도록 지도한다.
> 5회 : 최대한 큰 목소리로 빠르게 읽도록 지도한다.

읽기 유창성 지도 시 사용하는 텍스트

 1. 이해하며 실수 없이 읽을 수 있는 난이도의 텍스트를 선택한다. 훈련 전 학생이 텍스트에 나오는 단어 중에 95% 이상의 단어를 유창하게 발음할 수 있어야 하며, 뜻을 알고 있어야 한다. 먼저 훈련을 시작하기 전에 모르는 단어의 뜻을 가르쳐 주고, 훈련을 시작한다.
 2. 읽기 유창성 훈련 시에는 긴 문장의 텍스트보다는 1~2분 안에 읽을 수 있는 짧은 분량의 텍스트를 반복해서 읽도록 한다.
 3. 훈련에 사용되는 텍스트의 내용은 학생의 능력에 비하여 한 단계 이상 낮은 것을 선택한다.
 4. 처음 읽는 텍스트의 경우 부모님이 의미 단위(어절 단위)로 먼저 읽어 주고 같은 방법으로 읽도록 지시한다.
 5. 읽기 훈련 시 자신의 목소리를 들을 수 있는 Forbrain을 사용하면 더 효과적이다.

읽기 역량 강화(난독증 개선 포함)와 Forbrain의 효과

 Forbrain은 언어표현, 읽기 지도에 사용되는 전자기기이다. 읽기 시 사용자가 자신의 말소리에 집중하도록 돕고, 자신의 목소리를 정교하게 처리하도록 유도한다. 읽기 시 자기 목소리에 집중하는 능력은 읽기 능력 발달에 매우 중요하다.
 문자는 말소리에 형태를 부여한 것이다. 우리가 글을 읽는다는 것은 두뇌에서 문자를 말소리로 조합하는 것이다.
 '들판에서 여우와 토끼가 같이 놀고 있어'라는 문장을 읽는 것은 "들판에서 여우와 토끼가 같이 놀고 있어"라는 친구의 말을 듣는 것과 같은 과정으로 인식하게 된다.

친구가 하는 말을 들으면 우리는 그 상황을 보지 않아도 유추할 수 있고, 이미지화할 수 있다. 그런데 주변에 소음이 많다면 친구가 하는 말에 집중하기 힘들다. 그래서 정확하게 알아듣지 못한다면 친구가 하는 말을 듣고 그 상황을 유추하거나 이미지화하기도 어려울 것이다.

난독증 아동은 듣기와 마찬가지로 읽기에서도 약간의 소음만 있어도 집중력이 분산되고 읽은 내용을 이해하는 데 문제가 나타난다. 그래서 자신의 목소리에 집중하며 읽는 능력의 발달은 매우 중요하다.

읽기 시 Forbrain의 효과

| 읽기 시 Forbrain 착용 모습 |

1. Forbrain 착용 전에 비해 내 목소리에 집중할 수 있어 읽기능력 향상에 큰 도움이 된다.
2. 자신의 읽기 상태를 객관적으로 인식할 수 있다. 어물거리거나 부정확한 발음으로 읽는 자신의 상태를 인식하며 스스로 고치게 된다.

3. 일정한 크기와 정확한 발음으로 잘 읽었을 때 좀 더 명확하게 들리고, 소리가 작거나 발음이 명확하지 않으면 소리가 뭉개져 들린다. 따라서 자신도 모르게 일정한 크기 이상의 정확한 발음으로 읽는 능력이 형성된다.

4. 목소리의 질이 좋아진다. 두뇌는 자신의 목소리를 통하여 에너지를 얻는다. 공명이 있고 낭랑해 듣기 좋은 목소리는 다시 자신의 뇌를 자극하여 긍정적인 에너지를 공급한다.

5. 언어표현력이 향상되고 의사소통 능력도 좋아져 대인관계도 개선된다.

Forbrain 사용 방법

주 2회, 1회에 15분 내외로 사용한다. 읽기학습 시간이 15분을 넘는 경우, 15분만 Forbrain을 착용한 상태에서 읽는다. 그 이후에는 Forbrain을 착용하지 않은 상태에서 읽도록 지도한다.

08
학교 난독증 개선사업

■ 진행 과정
■ 훈련 프로그램
■ 난독증 개선사업의 효과
■ 학교의 난독증 개선사례

사단법인 대한난독증협회는 난독증으로 학교 학습과 적응에서 어려움을 겪는 아동·청소년을 돕자는 취지로 설립되었다. 2015년부터 지금까지 경기도와 충청남도에 소재하는 초등·중학교, 교육청, 지방자치단체 등과 협력하여 학교 난독증 개선사업을 진행하고 있다. 2022년에는 전라북도에 소재하는 초등학교와도 협력하여 학교 난독증 개선사업을 진행하였다.

    특히 충청남도의 경우, 2015년 처음으로 선도학교 3개교를 선정해 학교 난독증 개선사업을 진행했다. 학교 난독증 개선사업에 대한 부모님과 선생님들의 만족도가 높아, 학교 난독증 개선사업에 참여하는 학교의 수가 점차 늘어났다.

    2022년에는 충남에 소재하는 초등·중학교 약 150개교에서 난독증 개선사업을 진행하게 되었으며, 2022년 충남교육청에서 진행한 학교 난독증 개선사업에 대한 학부모 만족도 조사에서 '만족한다'는 의견이 91%로 높게 나타났다. 충남교육청에서는 2023년 충청남도에 소재하는 초등학교 5학년과 중학교 1학년 학생 전체를 대상으로 난독증 위험 정도를 평가하는 난독증 척도검사를 하여, 학교 난독증 개선사업에 활용하기로 하였다.

진행 과정

· 난독증 척도검사 : 학교가 선정한 학년 혹은 전체 학생에게 실시
· 난독증 정밀검사 : 난독증 척도검사에서 난독증 위험군, 해당군
　　　　　　　　　으로 분류된 학생에게 실시
· 난독증 개선훈련 : 난독증 정밀검사에서 훈련 대상자로 선정된
　　　　　　　　　학생에게 실시

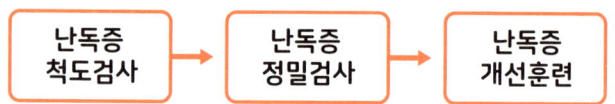

훈련 프로그램

시수 : 1회에 2시간, 주 1회 또는 2회, 총 10~30회 진행

프로그램 구성

	세부 추진 내용	훈련 효과
1교시 청지각훈련	음운처리능력 향상에 필요한 청지각훈련 진행	언어변별력 향상 시각·청각 통합인지
2교시 읽기 유창성 지도	Forbrain으로 자신의 읽기에 대한 피드백을 받으며 훈련	읽기의 문제점을 보완·교정

청지각훈련

　뇌 영상 연구를 통해 난독증은 신경학적 정보처리 과정 중에 청각 정보처리의 문제이며, 음운표상이 좋지 못한 사람에게 나타난다는 것을 알아냈다. 난독증이 있는 사람이 소리를 처리하려고 주의를 기울이면, 청각 정보를 처리하는 회로에 혼란이 일어나 음운표상이 좋지 못하게 된다.

　그동안 선생님들이 발음중심지도법을 포함한 한글 문해 교육을 꾸준

히 제공했는데도 난독증이 해결되지 않은 것은 이러한 신경학적인 부분에 대한 접근이 이루어지지 않아서이다. 난독증을 근본적으로 개선하기 위해서는 청각정보처리능력을 향상하는 청지각훈련이 필요하다.

단계별 읽기 유창성 지도

읽기는 자신도 모르게 이루어지는 습관으로, 난독증 아동에게는 잘못된 읽기 습관이 만들어져 있다. 글을 모르는 난독증 아동의 두뇌 특성에 맞는 읽기 지도를 통하여 글자를 가르치는 동시에 좋은 읽기 습관을 길러 주어야 한다. 글자는 알고 있으나 잘못된 읽기 습관이 만들어진 아동에게는 난이도를 조정하여 약간의 노력으로도 잘 읽을 수 있는 수준의 텍스트를 제공해야 한다. 그리고 내용을 이해하며 리듬감 있게 읽는 습관이 형성된 후에 빠르게 읽는 훈련을 해야 한다. 좋은 읽기 습관을 길러 주기 위하여 단계별 읽기 지도가 필요하다.

난독증 개선사업의 효과

학교에서 시행하는 난독증 개선사업의 효과는 다음과 같다.

- 학교 단위로 난독증 학생의 비율을 조사해 난독증 현황을 파악할 수 있다.
- 학교 차원에서 대상 학생의 학교 부적응의 원인이 되는 문제를 조기에 해결해 줌으로써 정서·행동 장애 및 학교폭력 등으로 진행되는 것을 예방할 수 있다.
- 난독증 개선으로 기초학력 부진 학생의 수를 감소시킬 수 있다.
- 한 사람도 뒤떨어지지 않도록 힘써 공교육에 대한 신뢰도를 높일 수 있다.

학교의 난독증 개선사례

2021년 충남에 있는 한 초등학교에서 학교 난독증 개선사업을 진행하였다. 당시 훈련을 담당했던 선생님의 경험담을 소개한다.

사례_올해는 기초학력 부진이 한 명도 없습니다

2021년 9월, 나는 △△초등학교에서 난독증 개선 강의를 시작했다. 학생들은 1학기에 다른 강사를 통하여 난독증 개선훈련을 10회 진행한 상태였다. △△초등학교는 난독증 개선훈련을 1학기에 10회만 진행하려 하였는데, 아이들이 좋아졌다는 것을 느낀 담당 선생님과 교장 선생님이 2학기에도 훈련을 진행하기로 한 것이었다.

아이들은 모두 1학기에 훈련을 받았던 2학년 1명, 3학년 1명, 4학년 3명, 6학년 2명 총 7명으로, 학년이 골고루 섞여 있었다.

문제는 2학년 수민이었다. 수민이는 낱글자는 다 알고 있었으나, 글을 읽을 때는 떠듬떠듬 기어들어가는 목소리로 읽었다. 그런데 훈련 회차가 거듭될수록 목소리도 커지고 활발해지고 말도 많아졌다.

어느 날 도서관에서 수업하고 있는데 한 아이가 소리쳤다.

"수민아! 너 교실에서는 숨도 못 쉬면서 여기 오니 네 세상이구나."

나는 그 말을 듣고 깜짝 놀랐다. '저렇게 활달한 아이가 자기 반 교실에서는 숨도 못 쉬는 아이였다니….' 대책이 필요했다. 1학기에 훈련을 진행했던 강사 선생님에게 수민이에 대해 알아보니, 수민이는 훈련 초기에 위축된 모습을 보였던 아이였다고 말했다.

　나는 다음 회차 훈련에 수민이가 제일 좋아한다는 레고 장난감을 들고 갔다. 그다음부터는 수민이가 훈련에 조금씩 집중하기 시작했다. 동시도 큰 소리로 따라 읽고, 손들고 스스로 읽기까지 하면서 아이가 달라지기 시작했다. 20회 마무리가 될 때쯤에는 글을 리듬 있게 읽는 모습을 보였으며, 읽기 속도도 또래 수준과 거의 비슷한 결과가 나왔다. 그리고 무엇보다 수민이의 자신감과 자존감이 많이 회복된 것 같았다.

　1학기에 훈련을 진행했던 강사 선생님이 나에게 4학년 재준이를 신경 쓰라고 한 것으로 보아, 아마도 1학기 때 재준이 상태가 내가 수민이를 처음 보았을 때와 비슷했을 것 같다는 생각이 들었다. 재준이도 20회 훈련을 거치면서 더욱 안정되고 자신감과 자존감이 완전히 회복되었다. 훈련 후 검사에서도 읽기 수준이 4학년의 학년 목표보다 높게 나왔다.

　3학년 경수는 휴대전화에 집착이 심한 아이였다. 난독증 수업을 하러 오면 오로지 휴대전화만 들여다보았고, 무슨 말을 해도 듣지 않았다. 그런데 내가 수민이에게 자신감을 주려고 수민이가 제일 좋아한다는 레고 장난감을 들고 간 날부터 변화가 나타났다. 경수도 레고를 아주 좋아해서 레고를 통해 나와 소통하게 되었다.

　경수는 회차가 진행될수록 읽기도 많이 향상되었다. 목소리에는 자신감이 생겼고 성격도 밝아졌다. 사실 경수는 그동안 내가 생각했던 것보다 훨씬 활달하고 명랑한 아이였다. 훈련 후 검사에서도 아주 좋은 결과가 나왔다. 난독증 훈련 시 아이들이 선생님에게 얼마나 마음을 열고 훈련하는가가 중요하다는 생각이 들었다.

    수민이의 누나인 지연이는 4학년이었다. 지연이는 지각을 자주 했으며, 행동이 거칠어서 선생님이 늘 데리고 왔다. 선생님은 지연이가 예민한 아이라서 교실에서 아이들과 함께 있는 걸 싫어해 밖에 나가서 혼자 논다고 했다. 그런데 난독증 개선훈련 수업에서는 1시간 30분 동안 앉아 있는 게 대견하고 신기하다고 했다.

    지연이는 회차가 진행될수록 동생과 잘 지내고 동생이 떠들면 혼내기도 하면서 훈련에 집중하기 시작했다. 동시 읽기나 문장 읽기를 할 때도 등을 토닥이며 격려해 주면 잘 따라 했다. 이후 6학년 언니 옆에 자리를 마련해 줬더니 더 적극적으로 훈련에 임했고 무사히 20회 훈련을 마쳤다. 당연히 훈련 후 검사에서도 좋은 결과가 나왔다.

    아이들이 학교생활에서 글을 제대로 읽지 못하게 되면 정서적으로도 아주 심한 스트레스를 받게 된다. 글을 조금 늦게 읽을 뿐인데 자신감과 자존감이 너무 떨어져서 친구들과 잘 어울리지 못하고 정서적으로도 불안하게 된다. 이런 아이에게 난독증 개선훈련은 읽기 개선뿐 아니라, 아이의 심리·정서적인 안정과 자신감 형성에도 영향을 미친다.

    △△초등학교에서는 1학기 10회, 2학기 10회 총 20회의 훈련을 진행하였다. 그 결과 훈련에 참여한 7명 모두 학년 목표 이상의 읽기 속도를 보였으며, 읽기 리듬감이 크게 개선된 것으로 나타났다.

읽기유창성검사

    다음의 표는 훈련에 참여한 7명의 훈련 전·후 읽기 속도와 읽기 과정을 평가하는 검사 결과를 비교한 것이다.

| 읽기 유창성 검사 |

학년	이름	훈련 전 K-WCPM		
		총 어절 수	오류 어절 수	k-wcpm
2	김ㅇㅇ	63.7	8.3	55.4
3	이ㅇㅇ	45.3	5	40.3
4	홍ㅇㅇ	103.7	3.7	100
4	나ㅇㅇ	97	1.7	95.3
4	김ㅇㅇ	84.3	7.3	77
6	김ㅇㅇ	98.3	4	94.3
6	왕ㅇㅇ	79.7	4.3	75.4
평균			4.9	76.81

학년	이름	훈련 후 K-WCPM		
		총 어절 수	오류 어절 수	k-wcpm
2	김ㅇㅇ	111	1	110
3	이ㅇㅇ	95.7	2.7	93
4	홍ㅇㅇ	154.3	0	154.3
4	나ㅇㅇ	114.7	0.3	114.4
4	김ㅇㅇ	122.7	0.3	122.4
6	김ㅇㅇ	123	1.7	121.3
6	왕ㅇㅇ	116	0.3	115.7
평균			0.9	118.7

훈련 전 검사에서는 1분간 정확히 읽은 어절 수가 평균 약 76.8어절이었는데, 훈련 후 검사에서는 1분간 정확히 읽은 어절 수가 평균 약 118.7어절이었다. 이는 훈련 후 읽기 속도가 평균 약 41.9어절 향상된 것을 의미한다.

  1분간 읽기 시 나타나는 오류 어절 수도 훈련 전에는 평균 약 4.9어절이었는데 훈련 후에는 평균 약 0.9어절로 줄어든 것으로 나타났다. 이는 단지 읽기 속도만 향상된 것이 아니라, 읽기의 정확성과 리듬감 등 읽기 유창성이 향상되었음을 나타낸다.

  2022년 봄 △△초등학교 학력 담당 선생님에게서 반가운 연락이 왔다. 선생님은 작년에 진행한 난독증 개선사업에 기초학력 부진 학생들이 모두 포함되어 있었는데, 난독증 개선훈련 덕분에 올해는 △△초등학교에 기초학력 부진 학생이 한 명도 없다고 했다.

09
난독증 증상과 개선방법

- 증상 1. 아무리 가르쳐도 음운인식이 안 된다
- 증상 2. 조사나 어미를 교체해 읽는다
- 증상 3. 글자의 정확한 음가를 모른다
- 증상 4. 문장을 문맥으로 대충 파악한다
- 증상 5. 내용을 이해하지 못하고 글자만 읽는다
- 증상 6. 받침소리를 배우기 어렵다
- 증상 7. 맞춤법에 맞게 쓰기가 어렵다
- 증상 8. 의미가 비슷한 단어로 대체해 읽는다
- 증상 9. 글자를 거꾸로 읽거나 다르게 읽는다
- 증상 10. 언어표현력이 부족하다

증상 1.
아무리 가르쳐도 음운인식이 안 된다

 글자를 아무리 가르쳐도 배우지 못하는 아동을 무조건 지능의 부족으로만 판단해서는 안 된다. 그러한 아동은 계속된 학습의 실패로 글자 학습에 불편한 감정이 있으며, 이러한 불편한 감정이 글자 학습에 필요한 두뇌 기능의 부족과 결합하여 글자를 배우는 것을 더 어렵게 한다.

1. 원인

가. 난독증 아동은 글자 학습에 필요한 두뇌 기능이 부족하다.
1) 말소리에 대한 음운표상과 음운인식력이 좋지 못하다.

 음운표상은 말소리를 듣거나 말을 할 때 반응하는 두뇌 신경망을 말한다. 그리고 음운인식력은 하나의 단어가 음절 또는 음소라는 더 작은 말소리로 이루어져 있다는 말소리 구조를 아는 능력이다.

 음운표상과 음운인식력은 출생 후 언어발달 과정에서 자연스럽게 만들어지는 능력이다. 음운표상과 음운인식력은 자라나는 동안 해당 언어를 더 많이 접할수록, 미세하고 빠르게 변하는 서로 다른 말소리의 차이를 인식하는 청각변별력이 좋을수록 잘 발달한다. 자라는 동안 해당 언어를 접한 양이 부족하거나 청각변별력이 좋지 못한 아동의 경우, 음운표상과 음운인식력이 그 아동의 전체적인 지능에 비하여 취약하게 된다. 난독증 아동은 음운표상과 음운인식력이 좋지 못해 글자를 배우는 데 어려움이 나타난다.

　글자는 말소리에 형태를 부여한 그림이다. 글자를 배운다는 것은 이미 기억된 말소리(음운표상)에 해당하는 그림을 연결하여 기억하는 것이다. 글자를 쉽게 배우기 위해서는 음운표상과 음운인식력이 좋아야만 한다.

　예를 들어, '감'이라는 글자를 배울 때, 말소리 [감]에 대한 음운표상이 좋다면 '감'이란 글자와 [감]이란 소리가 일대일로 연결되기에 글자를 쉽게 배울 수 있다. 하지만 '감'에 대한 음운표상이 좋지 못하면, '감'이란 글자를 배울 때 일대일로 연결될 대상이 불명확해 글자를 배우기 어려우며, 쉽게 잊어버리게 된다.

　'감나무'란 단어의 말소리를 분석해 보면 '감' '나' '무'란 각각 음절 단위로 이루어진 말소리의 결합이다. 좀 더 분석해 보면 [감]이란 말소리 또한 'ㄱ' 'ㅏ' 'ㅁ'이란 음소 단위로 이루어진 말소리의 결합이다. 음운인식력이 발달하여 말소리 구조를 잘 알고 있는 아동은, '감나무'라는 단어를 가르쳐 주고 '나무'를 손으로 가리고 읽게 하면, '감'이라 읽을 수 있다. 하지만 음운인식력 발달이 부족하여 '감나무'란 단어의 말소리가 '감' '나' '무'란 각각 음절 단위로 이루어진 말소리의 결합이란 것을 모르는 아동은 '감'을 읽지 못한다. 마찬가지로 [감]이란 말소리가 'ㄱ' 'ㅏ' 'ㅁ'이란 음소 단위로 이루어진 말소리의 결합이라는 걸 모르는 아동의 경우, 파닉스를 통하여 한글을 가르치면 교사의 말을 알아듣지 못해 한글을 습득하는 데 어려움이 나타난다.

2) 난독증 아동은 건성 보는 습관이 있다.

　대부분의 난독증 아동은 일반 아동과는 달리, 정보처리 방식의 차이로 건성 보거나 건성 듣는 습관이 있다. 두뇌의 정보처리 방식은 두 가지다. 하나는 좌뇌의 주도로 사실적으로 정보를 처리하는 방식이며, 다른 하나는 우뇌의 주도로 전체적, 맥락적으로 정보를 처리하는 방식이다. 두 가지 정보처리 방식은 서로 보완적이면서 서로를 억제한다. 사실적 정보를 취합하는 일의 목적은 내용 파악에 있다. 그래서 두뇌는 정보의 내용이 파악되면 사실적 정보에 집중하지 않는다.

자폐 아동의 경우 전체적, 맥락적으로 내용을 파악하는 두뇌 기능이 매우 취약하다. 상황과 맥락을 파악하지 못하고 사실적 정보에만 집중하는 모습을 보인다. 반면, 난독증 아동은 사실적 정보보다 전체적, 맥락적으로 내용을 파악하기 때문에 건성 보고 건성 듣는 습관이 생긴다. 문제는 이러한 습관은 글자를 배울 때 글자의 형태를 시각적으로 기억하는 것을 어렵게 한다. 따라서, 난독증 아동은 새로운 글자를 배우기가 어려우며, 이미 배운 글자도 쓰기를 요구하면 정확히 쓰기 어렵다.

3) 글자를 인식하는 과정에서 오류가 나타나기 쉽다.

글자는 순서대로 위에서 아래 방향으로, 좌측에서부터 우측으로 인식해야 한다. 글자의 인식은 좌뇌가 주도한다. 좌뇌는 언어적·순차적·2차원적으로 정보를 처리하기 때문에 문장에 있는 글자의 순서가 바뀌거나, 인식하는 방향에 오류가 나타나지 않는다.

난독증은 우뇌 주도 방식으로 맥락적으로 정보를 처리하는 성향이 강한 아동에게서 나타난다. 우뇌는 정보를 순서대로 인식하는 게 아니라 전체적으로, 3차원적으로 인식한다.

글자를 다 익히지 못한 상태에서 우뇌 주도로 글자를 인식하게 되면 우측에서부터 좌측으로 인식하거나, 아래에서 위 방향으로 잘못 인식할 수 있다. 음소 'ㄱ'을 정상적으로 위에서 아래로(↓) 인식하면 'ㄱ'이지만, 인식단계에서 글자 인식 방향에 오류가 나서 아래에서 위로(↑) 인식하면 음소 'ㄱ'을 'ㄴ'으로 인식하게 된다. 이런 정보처리 오류는 아동이 크게 스트레스를 받는 상황에서 발생하는 것으로, 난독증 아동이 글을 익히는 데 매우 큰 장애 요소로 작용한다.

예를 들어, 어제 어머니가 '가'라고 쓰여 있는 커다란 낱말카드를 활용하여 '가'라는 글자를 가르쳐 주고, 오늘 '나'를 가르쳐 주기 위하여 '나'라고 쓰여 있는 커다란 낱말카드를 들고 가르쳐 주는 상황을 생각해 보자. 아동이 한글을 배우는 데 스트레스를 받아 우뇌가 주도하게 되면, '나'의 'ㄴ'만 아래에서 위로(↑) 인식하는 오류가 나타나, 음소 'ㄴ'을 음소 'ㄱ'으로 잘못 인식할 수 있다. 어제 가르쳐 준 '가'와 똑같이 생겼다고 인식하게 되는 것이다. 이 상태로는 학습이 일어날 수가 없으며, 어제 배웠던 글자도 잊어버리게 된다.

나. 난독증 아동은 글자를 배우는 것에 대한 불편한 감정이 있다.

난독증 아동은 음운표상의 문제, 건성 보는 습관, 글자를 3차원적으로 인식하는 데서 오는 오류 등이 복합적으로 작용하여 한글을 배우는 데 어려움을 겪는다. 이 과정에서 마음의 상처를 받게 되면 한글을 배우고자 하는 욕구는 후퇴하고, 한글을 배우는 행위에 불편한 감정을 느낀다. 그리고 이러한 감정은 한글을 익히는 것을 더욱더 어렵게 한다.

이런 까닭에 글자를 아무리 가르쳐도 글자를 못 깨치는 난독증 아동을 지도할 때는, 그 아이가 전에 배웠던 방법과 비슷한 방법으로 지도하면 안 된다. 비슷한 방법으로 지도하면 아이는 자신도 모르게 불편한 감정을 느껴 수업에 집중하지 못한다. 이들에게 존재하는 불편한 감정을 우회하여 지도하는 방법이 필요하다.

사례_글자를 모르는 불편한 마음

초등학교 3학년인데도 한글을 모르는 석규의 상태를 분석해 달라는 학교의 요청으로 석규 어머니와 석규에게 한글을 지도했던 선생님과도 상담한 적이 있다. 어머니는 석규가 글을 배우는 것 외에는 특별히 문제를 일으킨 적이 없다고 했다. 레고도 잘하고 자기가 좋아하는 것을 할 때는 곧잘 집중한다는 것이다. 어머니는 최근에는 석규가 한글을 몰라서인지 위축된 모습을 보인다고 걱정했다. 하지만 한글 지도를 담당했던 선생님의 판단은 달랐다. 주의력이 부족한 아이로 생각된다며, 한글을 가르치려 하면 딴짓을 하는 등 수업에 전혀 협조적인 모습을 보이지 않았으며, 읽어 주고 물어보아도 대답을 전혀 안 했다며 지능이 낮은 게 아닌지 의심했다.

석규는 낱글자 인지검사에서 아는 낱글자가 10자 내외인 것으로 확인되었다. 하지만 주목할 점이 있었다. 초등학생의 읽기능력을 평가하는 한국어읽기검사(KOLRA)에서는 문자해독 부분의 연령대비백분위가 1% 미만으로 '최하' 수준으로 나타난 것과 달리, 듣기이해 부분 연령대비백분위는 87로 '상' 수준으로 인지능력에 문제가 없는 것으로 나타난 것이다. 연령대비백분위란 전체를 100으로 볼 때, 한 개인의 점수가 100명 중 몇 번째 해당하는지에 대한 상대적 위치를 나타내는 수치로, 석규의 듣기이해 백분위가 87인 경우, 100명 중에 자신보다 못한 학생이 86명 존재한다는 의미이다. 석규가 글자는 모르지만, 이해

> 력은 좋은 아동임을 의미한다.

 검사 결과를 보니 아동에 대한 부모님과 선생님의 판단이 왜 그렇게 차이가 있었는지 알 수 있었다. 위 검사 결과를 보면 석규는 한글은 모르지만, 인지능력은 정상 또는 정상 이상이다. 석규는 레고 등을 할 때는 흥미와 효능감을 느껴 집중한다. 하지만 한글을 배우거나 한글이 포함된 수업을 할 때는 글자를 배우는 것에 대한 불편한 감정과 두려움으로, 딴짓을 하는 등 주의가 산만한 모습을 보인 것이다.

 듣기이해 능력이 좋은데도 한글 지도를 담당했던 선생님이 읽어 주고 물어보아도 전혀 대답을 안 했다는 것은, 이미 그 수업을 들으려는 욕구가 완전히 후퇴했기 때문이다. 선생님은 나름 재미있게 수업하려고 노력했는데도 아이가 전혀 따라오지 않았다고 했다. 그런데 어떻게 수업했는지 자세히 물어보니 정확한 맞춤법으로 쓰는 것도 가르쳤다고 했다. 글자를 읽는 것도 어려운 아동에게 쓰기를 강조해서 오히려 아동에게 글자 학습에 대한 불편한 감정과 두려움만 느끼게 한 것이다.

 최근 석규처럼 인지능력이 좋은데도 한글을 익히지 못하는 초등학교 2학년 아동을 상담한 일도 있다. 그런데 이 아동도 한글 수업에 전혀 협조적이지 않은 모습을 보였다. 인지능력이 좋을수록 글자를 배우는 것에 대한 불편한 감정을 더 많이 표현하는 것은 아닌지 생각해 보아야 한다. 그리고 이들에게 존재하는 불편한 감정을 우회하여 지도해야 한다.

음운성 난독증이 있는 아동의 지도

1. 글자를 모르는 난독증 아동은 글자를 처음 배우는 아동이 아니다. 난독증 아동들은 한글을 배우는 행위에 불편한 감정이 있다. 그러므로 글자를 못 깨친 아동을 이전과 비슷한 방법으로 지도하면, 글자를 배우면서 불편했던 감정이 다시 일어난다.

난독증 아동이 처음에 글자를 배우지 못했던 이유는 글자를 배우는 데 필요한 언어처리와 관련된 두뇌 기능이 부족해서이다. 하지만 언어처리와 관련된 두뇌 기능은 시간이 지날수록 좋아진다. 글자를 배우는 데 필요한 두뇌 기능이 충분히 준비되었음에도 불편한 감정이 글자를 깨치지 못하게 방해하기 때문이다. 이들에게 존재하는 불편한 감정을 우회하여 지도해야 한다.

2. 정확한 철자법을 요구하지 마라. 읽기 유창성이 부족한 아동의 부모님에게, 아동이 언제 한글을 다 익혔는지 물어보면, 대부분 아동이 글자의 받침까지 정확하게 쓴 시기를 언급한다. 즉, 부모님은 정확한 철자법으로 쓰지 못하면 한글을 다 익히지 못한 것으로 생각하는 것이다. 그런데 난독증 아동의 글자 지도 시에는 이렇게 접근하면 안 된다. 읽을 수 있으면 아는 것으로 간주해야 한다. 난독증 아동들은 건성 보는 습관으로 맞춤법을 정확히 인지하기 어렵다. 정확한 맞춤법을 요구하면 할수록 아동은 글자를 익히는 것에 흥미를 잃게 된다.

2. 개선방법

가. 말소리로 가르쳐라.

　글자는 말소리에 형태를 부여한 것이다. 난독증으로 인한 글자 배우기의 어려움은 글자와 말소리 간의 일대일 매칭이 되지 않아 나타난다. 그래서 글자에 해당하는 말소리를 가르쳐야 한다. 그런데 어떤 방식으로 가르치느냐가 중요하다. 난독증 아동에게 하나의 음절을 자음, 모음으로 분해하여 말소리로 가르치는 수업은 효과적이지 못하다. 말소리로 가르치되, 의미 단위인 어절 단위로 가르쳐야 한다.

나. 아이가 관심 있는 내용을 짧은 텍스트로 만들어라.

　글자를 아무리 가르쳐도 모르는 난독증 아동을 지도할 때는 글자를 가르치는 것이 아니라 경험을 통하여 자연스럽게 익히게 하는 것이 중요하다. 이들은 글자를 배우는 행위에 불편한 감정이 있다. 누구든 글자를 가르치려 하면 두뇌는 자신도 모르게 방어 태세로 변한다. 불편한 감정을 우회하는 전략이 필요하다. 아이가 관심을 가지는 내용을 짧은 텍스트로 만든 후 어절 단위로 읽어주고 따라 읽도록 지도해라.
　① 먼저 아동이 평소에 관심 있는 내용으로 문장을 만든다.
　② 선생님이 먼저 어절 단위로 읽어 주고 따라 읽도록 한다.
　③ 아동이 따라 읽는다.
　④ 위의 과정을 반복한다.
　하나의 텍스트를 최소 다섯 번 이상 선생님이 읽어 주고 따라 읽도록 지도해야 한다. 이 과정이 반복되면 글자는 말소리에 형태를 부여한 그림이기에 아동은 문장을 이루는 글자가 점점 더 익숙해져 해당 문장을 읽는 데 자신감이 생긴다. 그렇게 되면 선생님이 읽어 주지 않아도 읽을 수 있게 된다. 아동이 수업을 잘 따라오면 동시 등을 활용하여 글자를 익히게 하면서 읽기 리듬감을 길러 준다.

다. 어절 단위로 읽어 줄 때는 어절의 끝모음을 길게 빼며 읽어 줘라.

어절의 끝모음을 길게 빼며 읽어 주면 아동은 읽어 주는 선생님의 말소리에 주의를 기울이게 된다. 이런 반복된 경험을 통해 언어처리능력이 부족한 난독증 아동도 말소리 구조를 인식하는 음운인식력이 자연스럽게 자라나 한글을 쉽게 익힐 수 있다. 또한, 읽기 유창성 발달에 필요한 리듬감 있게 읽는 능력의 기초도 만들어진다.

라. 낱글자 카드를 활용해라.

아동이 수업을 잘 따라오면, 텍스트의 문장을 어절 단위로 읽어 주고 따라 읽도록 지도하면서 그날 읽은 글자가 적혀 있는 낱글자 카드를 들고 "이게 뭐지?" 하고 물어본다. 아동이 정확하게 대답하면 크게 칭찬해 준다. 만약 대답을 바로 못 하고 망설인다면 아동이 글자를 모른다는 불편한 감정이 생기기 전에 곧바로 읽어 준다.

마. 일상 속에서 가르쳐라.

1) 아이가 읽어야 할 글자를 먼저 읽어 준다. 부모님과 선생님은 글자를 읽어야 할 상황에서는 아동이 읽기를 기다리지 말고 먼저 읽어 주어야 한다. 글자에 대해 불편한 감정이 있는 아동은 대충 아는 것 같던 글자도 읽으라고 하면 못 읽는 경우가 많다. 그런데 못 읽는 순간 두뇌는 그것을 학습한다. 즉, 대충 읽을 수 있을 것 같던 글자

가 못 읽는 글자가 되는 것이다. 이와 달리 대충 아는 것 같던 글자를 부모님이나 선생님이 먼저 읽어 주면 그 글자가 어떤 말소리인지 다시 한번 경험하게 되어 좀 더 확실히 읽을 수 있는 글자가 된다. 물론 아이가 자신감을 가지고 글자를 읽으려 한다면 먼저 읽어 주어서는 안 된다.

2) 거리에 있는 간판의 글자를 읽어 준다. 글자는 말소리에 형태를 부여한 그림일 뿐이다. 이렇게 생긴 그림이 어떤 말소리인지 아는 순간 그 글자는 익힌 것이다. 우리 주변에는 한글로 이루어진 수많은 정보가 있다. 두뇌는 입력된 정보의 패턴을 분석하고 범주화하는 존재이기에 지적 장애가 없다면 쉽게 한글을 익힐 수 있다. 글자를 아무리 가르쳐도 모르는 아동의 문제는 그 정보들을 무의식중에 거부하기 때문이다.

거리에는 한글로 이루어진 수많은 간판이 있다. 지나다니면서 특정 유형의 간판을 지속해서 읽어 주면 어느 순간 비슷한 유형의 간판을 읽는 아이의 모습을 볼 것이다. 아이가 관심이 있는 유형의 상점 간판이라면 더 빨리 읽게 된다.

3) 문제를 읽어 준다. 아동이 문제를 풀 때 문제를 읽어 주는 것이 좋다. 문제 풀이를 하는 목적에는 학습한 지식을 확인하는 것뿐 아니라, 해결하는 방법을 찾아내는 것도 있다. 그런데 한글을 몰라 문제를 못 푼다면 문제를 해결하는 방법도 배우지 못한다. 한글을 몰라 문제 푸는 시간에 집중하지 못한다면 문제를 읽어 주어 수업에 집중할 수 있도록 도와주어야 한다.

4) 책을 많이 읽어 준다. 읽기는 문자해독과 내용 이해라는 두 가지 과정으로 이루어진다. 글을 모른다는 것은 문자해독 과정에 문제가 있다는 뜻이다. 문자해독의 과정이 정상적으로 이루어져야 내용 이해의 과정이 정상적으로 이루어질 수 있다. 학년이 올라감에 따라 문자해독의 능력만이 아니라 내용 이해의 능력도 자라나야 하는데 글자를 모르는 아동은 문자해독의 어려움으로 내용 이해 능력도 자라나지 못한다.

아동이 글자를 익혀 스스로 잘 읽기 전까지는 부모님들이 책을 많이 읽어 주어야 한다. 이때 읽어 주는 방식은 어절 단위로 읽어 주는 것이 아니라, 동화를 구연하듯이 읽어 주는 것이 아동의 내용 이해에 도움이 된다.

증상 2.
조사나 어미를 교체해 읽는다

학습해야 할 정보는 눈, 귀 등의 감각기관을 통하여 입력된다. 그런데 대부분의 난독증 아동은 정보처리 방식의 차이로 건성 보거나, 건성 듣는 습관이 있어 감각기관으로 입력된 정보가 정확하지 않은 경우가 있다. 또한, 부정확한 정보를 보완하기 위해 자신이 이미 알고 있는 정보를 활용하여 맥락적으로 정보를 재편집하는 경향이 있다. 글자를 알고 있는데도 조사나 어미를 바꾸어 읽는 것은 이러한 요인들이 복합적으로 작용한 것이다.

1. 원인

가. 건성 듣는 습관으로 우리말 리듬에 익숙하지 않아 읽기 오류가 나타나기 쉽다.

체코 남보헤미아주의 작은 도시 체스키크룸로프와 주변의 여러 도시를 여행한 적이 있다. 매우 즐거운 경험이었다. 그런데 한국에 돌아와서는 체스키크룸로프를 포함하여, 내가 방문했던 도시의 이름을 기억해 내는 데 어려움이 있었다. 여행 전에 먼저 도시 이름을 들었고, 한글로 쓰여 있는 여행 안내지를 통하여 도시 이름을 여러 번 접했는데도 제대로 기억해 내지 못했다.

그 이유는 체스키크룸로프란 도시 이름이 나에게 익숙하지 않아서이다. 익숙하지 않아서 한글로 쓰인 도시 이름을 보아도 읽기가 어렵고 읽어도 기억하기 어렵다. 그에 비하여 우리나라 도시들인 '충남 천안시' '경북 문경시' 등은 우리에게 익숙하다. 그래서 읽기도 쉽고, 기억하기도 쉽다. 우리와 달리 체코 사람들에게 '체스키크룸로프'는 매우 익숙한 말소리일 것이다.

자신에게 익숙한 말소리는 읽기가 쉽고, 익숙하지 않은 말소리는 읽기 어렵고 실수도 많이 한다. 그래서 우리말 소리가 익숙하지 못한 아동의 경우, 한글을 알고 있어도 읽기 발달에 문제가 나타난다. 언어발달이 정상인데도 말소리가 익숙하지 못하게 된 원인은, 건성 듣는 습관과 관련이 있다. 다른 사람의 말을 건성 듣는 습관은 주로 우뇌 주도로 이루어지는 전체적인 맥락으로 정보를 처리하려는 성향이 강한 사람에게서 나타난다. 건성 듣는 습관은 우리말의 소리에 주의를 기울이는 능력을 부족하게 만들어, 자신만의 독특한 언어처리 습관을 만든다.

난독증이 있는 아동은 건성 듣는 습관으로 우리말이 덜 익숙하다. 그러다 보니 읽기 시 글자에 해당하는 말소리가 익숙하지 않아 읽기 오류가 생긴다.

나. 건성 보는 습관으로 정확히 보지 못해 읽기 오류가 나타나기 쉽다.

장미 꽃봉오리를 아무 생각 없이 눈으로 훑어본다면 어떻게 생겼는지 기억나지 않을 것이다. 자세히 보기 위해서는 눈이 보는 것을 귀(언어적)가 읽어야 한다. '꽃봉오리가 벌어지려 하고 있으며, 이슬을 머금고 있구나.' 이렇게 눈과 귀가 협응하여 인식한 정보는 자세히 인지된다. 하지만 난독증 아동은 두뇌의 미세한 협응 부족으로 의식적으로 노력하지 않으면 눈과 귀가 협응하여 인식하지 못하는 경향이 있다. 즉,

건성 본다는 것이다.

다. 정보를 맥락적으로 재편집하는 경향으로 읽기 오류가 나타나기 쉽다.
난독증이 있는 아동은 자신이 보거나 들은 정보를 재편집하여 인지하는 경우가 종종 있다. 건성 보거나, 건성 듣는 습관으로 발생한 정보 부족을 맥락을 통하여 이미 알고 있는 정보에서 끌어다 채워 넣기 때문이다. 이러한 정보처리 습관은 난독증 아동의 장점인 독창성, 융통성이 길러지게 하지만, 사실적 정보의 정확한 인식을 방해해 읽기 오류가 나타나게도 한다.

사례_조사나 어미를 바꾸어 읽는 아동 1

> 난독증 지원센터에서 훈련하는 초등학교 2학년 원철이는 '아기 여우야 나와 같이 놀아'라는 문장을 혼자 읽도록 하였더니 **'아기 여우야'**를 **[아기 여우아]**로 잘못 읽었다. 이에 '야'자를 손가락으로 짚고 읽게 하였더니 "야"라고 정확하게 읽었다. 하지만 '아기 여우야 나와 같이 놀아'라는 문장을 다시 읽도록 하였더니, 또다시 **'아기 여우야'**를 **[아기 여우아]**로 잘못 읽었다.

사례_조사나 어미를 바꾸어 읽는 아동 2

> 학교의 의뢰로 센터에서 난독증 개선훈련 중인 명수에게 내용을 따라 읽도록 지도한 후, 같은 내용을 혼자 읽도록 하였더니 **'사자가'**

를 [사자기]로 읽었다. 그래서 교정해 주고, 다시 읽게 하였는데도 또 **'사자가'**를 [사자기]로 읽었다.

지도를 담당하는 선생님은 명수의 작업기억력이 너무 부족해 훈련 효과가 빨리 안 나타날 것 같다며 걱정했다.

하지만 명수는 난독증 진단검사에서 읽기검사에서는 문제가 나타났지만, 듣고 이해하는 검사에서는 문제가 없었다. 이런 검사 결과를 볼 때 명수의 작업기억력이 부족하지 않다고 판단했다.

게다가 명수는 다중감각 프로그램에서 안 보이는 통속에 든 자음과 모음의 '가'자 만들기에서 'ㄱ'과 'ㅏ' 글자 모형을 한꺼번에 꺼내는 모습을 보이기도 했다.

2. 개선방법

난독증 아동이 읽기에서 조사나 어미를 교체해 읽는 오류를 보일 때 선생님이 이를 지적하여 개선하게 하는 것은 좋지 않은 방법이다. 난독증으로 문자해독에 어려움이 있는 아동은 읽기 오류를 지적해도 자신이 무엇을 잘못하여 오류가 생겼는지 파악하지 못한 상태라서 교정하기가 어렵고, 아동이 오류에 신경 쓰다 보면 내용을 이해하며 읽는 습관이 길러지지 못할 수 있다. 조사나 어미를 교체해 읽는 오류는 건성보는 습관을 개선하고 읽기 리듬감을 길러 주면 자연스럽게 개선된다.

가. 읽기 리듬감을 길러 줘라.
1) 동시를 처음부터 끝까지 한 번 리듬 있게 읽어 준다.

2) 한 번 읽어 준 동시를 어절 단위로 리듬 있게 읽어 주고, 아이는 동시가 쓰여 있는 텍스트를 보며 읽어 준 대로 따라 읽도록 지도한다. (5회 이상 반복)
3) 아이가 혼자 읽도록 한다. (리듬 있게 잘 읽으면 5회 반복하도록 지도한다. 하지만 잘못 읽으면 2번으로 돌아가 읽어 주고 따라 읽도록 지도한다.)
4) 혼자 읽은 동시를 암송하도록 지도한다.

'동시 따라 읽기'는 읽기 난조가 심한 아동의 개선에 매우 효과적이다. 동시를 어절 단위로 리듬 있게 읽어 주고 따라 읽도록 지도할 때, 어절의 끝모음을 길게 빼며 읽어 주어야 한다. 어절의 끝모음을 길게 빼며 읽어 주면 읽어 주는 선생님의 말소리에 주의를 기울이게 되고, 반복된 경험을 통해 말소리의 리듬이 익숙하게 되어, 리듬감 있게 읽는 능력이 자연스럽게 만들어진다.

나. 건성 보는 습관을 바꿔 줘라.

난독증 아동의 건성 보는 습관은 두뇌 여러 부위의 미세한 협응 부족에서 기인한다. 협응 능력을 기르는 방법으로, 도화지 위에 그려져 있는 복잡한 선을 주의를 기울여 정확히 따라 그리도록 지도한다. 도화지에 그려져 있는 복잡한 선을 눈으로 보며 그 위에 색연필로 정확히 따라 그리다 보면, 시각과 인지와 운동을 담당하는 두뇌 부위의 협응 능력이 좋아져 건성 보는 습관이 개선된다.

증상 3.
글자의 정확한 음가를 모른다

    글자는 무슨 뜻인지 알지만 정확한 음가를 모르는 아동이 있다. 언어 발달 과정에서 다른 사람의 말을 들으며 자연스럽게 형성되는 음운표상이 제대로 형성되지 않은 아동이다.

1. 원인

가. 말소리가 익숙하지 않은 원인은 다른 사람의 말을 주의 깊게 듣는 습관이 부족한 것과 연관이 있다.

    언어에는 일정한 리듬이 있다. 이러한 리듬은 각각의 언어마다 차이가 있으며, 같은 언어라도 지역마다 차이가 있다. 우리는 다른 사람의 말을 들으면서 우리 언어의 리듬에 주의를 기울이는 시스템이 만들어진다. 그래서 우리말의 리듬에 익숙하다.

나. 난독증 아동은 우리말의 보편적인 리듬에 덜 익숙하다.

    난독증 아동은 듣기나 말하기를 할 때, 자신만의 리듬에 맞추어 처리하는 성향이 있으며, 그 결과 단어를 잘못 인식하거나, 발음이 부정확한 모습으로 나타난다. 읽기란 문자를 말소리로 바꾸어 내용을 이해하는 과정이다. 읽은 내용이 평소 알고 있는 말소리라면 쉽게 이해할 수 있다. 하지만 난독증 아동의 경우 말소리 음가를 정확하게 인식하는 힘이 부족하기 때문에, 읽기 시 글자를 의미 있는 말소리 음가로 인식하는 데 어려움이 있어 버벅거린다. 이로 인해 읽기 유창성 발달이 부족해진다.

사례_음운표상이 좋지 않은 아동

8세인 민주는 학교에서 친구들보다 여러 부분에서 뛰어난 모습을 보이는 아동인데도, 읽기 지도 시 선생님이 "곰곰이는" 하고 읽어 주면, 천연덕스럽게 "돔돔이는" 하고 따라 읽었다. 처음에는 민주가 장난친다고 생각했다. 일대일로 바로 앞에서 읽어 주고 따라 읽도록 지도했는데, 민주처럼 영리한 아이가 잘못 따라 읽을 것이라고는 생각하지 않았기 때문이다. 그런데 그렇지 않다는 것을 알게 되었다. 선생님은 방법을 바꾸었다. 민주에게 자기 입 모양을 주시하도록 하고, "곰곰이는" 하고 말하고는 자기가 말한 대로 따라 말하도록 하였다. 그런데 민주는 이번에도 "돔돔이는"이라고 말했다.

민주에게 이런 문제가 나타나게 된 이유는, 민주가 'ㄱ'이란 음소를 인식하는 데 필요한 음운표상이 좋지 못해서이다. 음운표상이란 말소리를 듣거나, 말하는 데 관여하는 두뇌 신경망으로, 출생 후 언어발달 과정에서 자연스럽게 형성된다. 음운표상을 바탕으로 음운인식이 이루어진다. 음운표상이 좋지 못한 경우, 듣기, 읽기, 말하기 발달에 문제가 생긴다. 민주는 음소 'ㄱ'에 대한 음운표상이 좋지 못했다. 그래서 '곰곰이'처럼 음소 'ㄱ'이 포함된 말소리를 인식하거나 발음할 때는, 유사한 소리인 음소 'ㄷ'으로 대체하여 인식하고 발음한 결과 "곰곰이는"을 "돔돔이는"으로 발음하게 된 것이다.

민주처럼 음운표상이 명료하지 못해 읽기에서 오류가 나타나는 난독증을 음운성 난독증이라고 한다. 음운성 난독증은 우리가 영어를 처음 배울 때를 생각하면 이해하기 쉽다. 한국 사람은 대부분 어려서 영어를 접하지 못했다. 이로 인해 영어를 듣고, 말하는 데 필요한 음운표상이 제대로 형성되어 있지 않다. 그래서 국어가 매우 유창하더라도 영어는 정확하게 듣고 발음하기가 어렵다.

예를 들면, 우리는 영어 [r] 발음과 [l] 발음을 제대로 구별하지 못한다. [r]과 [l]에 대한 음운표상이 제대로 형성되지 않았기 때문이다. 그래서 [r] 발음이나 [l] 발음을 모두 우리에게 익숙한 [ㄹ] 발음으로 대체하여 인식한다. 그러다 보니 [r] 발음이나 [l] 발음을 해야 할 때, 정확히 발음하지 못하고 자신도 모르게 [ㄹ] 발음을 한다. 영어를 배우는 데 어려움은 여기서부터 시작된다.

마찬가지로 어떤 이유로 우리말의 음운표상이 제대로 형성되지 않은 아동은 글자를 안다고 하더라도 정확히 발음하기 어려우며, 읽기 유창성 발달에 어려움이 나타난다.

사례_어음청취력이 부족한 아동

> 한글을 배우는 데 특별한 문제를 보이지 않았던 초등학교 2학년인 경찬이가 영어 발음 문제로 난독증 지원센터에 내원한 적이 있다. 어머니는 경찬이의 영어 듣기 능력을 길러 주기 위하여 영어 프로그램을 하고 있다고 했다. 경찬이가 오랜 시간을 훈련했는데도 [t] 발음과 [d] 발음을 구분하지 못하여, 무슨 문제가 있는 것인지 알고 싶다는 것이다.

검사에서 경찬이는 어음청취력이 매우 부족한 것으로 나타났다. 어음청취력이 부족할수록 음운표상이 좋지 못하고 소음이 있는 곳에서는 사람의 말에 집중하는 힘이 약하다는 것을 의미한다. 즉, 한글을 배울 때는 특별한 어려움이 없었지만, 경찬이에게는 난독증을 일으킬 수 있는 신경학적 약점이 존재해서 영어를 배우는 단계에서 [t] 발음과 [d] 발음을 구분하지 못한 것이다. 이런 경우 한글을 배우는 단계에서 특별한 문제가 없었던 경우에도, 읽기 유창성 발달에 어려움이 있어 학년이 올라가면서 난독증으로 인한 학습 부진이 나타날 수 있다.

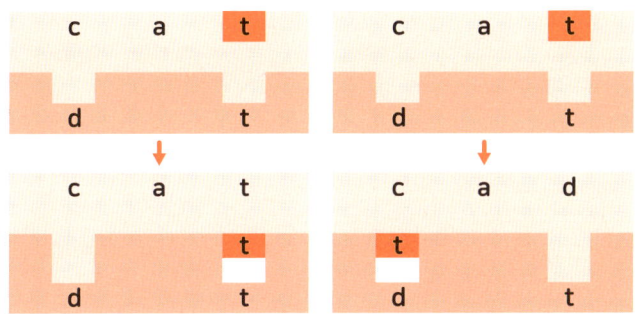

| 난독증 아동의 음운인식 오류 |

그림처럼 't'와 'd'의 음운표상이 분명하게 차이가 있는 사람은 [cat]이라는 말소리를 들으면 왼쪽 그림처럼 뇌에서 'cat'이라고 정확하게 인식한다. 하지만 't'와 'd'의 음운표상 차이가 분명하지 않은 사람은 [cat]이라는 말소리를 듣고도, 오른쪽 그림처럼 뇌에서는 'cad'로 잘

못 인식하는 오류가 나타난다.

사례_읽기 리듬감이 부족한 아동

> 초등학교 2학년인 주경이는 글자를 배우는 단계에서는 특별한 어려움이 없고, 낱글자는 다 아는 아동이었다. 선생님이 주경이의 읽기에 문제가 있다고 생각하게 된 것은 소리 내어 읽기를 지도하면서였다. 주경이에게 '봄비가 와요'라는 문장을 소리 내어 읽도록 하였는데, [봄삐가 와요]라고 읽지 않고, 글자 그대로 [봄비가 와요]라고 읽었다. 선생님이 [봄삐가 와요]라고 교정해 주었지만, 주경이는 이해를 못 했는지 어떤 때는 [봄삐가 와요]라고 읽고, 어떤 때는 [봄비가 와요]라고 읽었다.

주경이는 낱글자를 다 알고 있는데도 왜 정확하게 읽지 못할까? 난독증 아동이든 일반 아동이든 '봄비'라고 쓰여 있는 글을 처음 읽을 때는 [봄비]라고 잘못 읽을 것이다. 이때 부모님이나 선생님이 [봄삐]라고 교정해 주면 일반 아동은 쉽게 교정된다. [봄삐]란 말소리의 음가가 귀에 익숙하기 때문이다. 하지만 난독증 아동은 쉽게 교정되지 않는다. 건성 듣는 습관으로 [봄삐]라는 말소리의 음가가 귀에 익숙하지 않기 때문이다.

우리가 '입구'라고 쓰여 있는 문자를 [입꾸]라고 읽는 이유는 우리가 말할 때 [입꾸]라고 읽기 때문이다. 이런 현상을 설명하기 위해 만들어진 것이 문법이다. 즉, 우리말의 리듬에 익숙한 사람은 특별히 문법을 의식하지 않아도 문법대로 읽을 수 있으며, 이러한 규칙을 설명하는 문법을 이해하는 데도 어려움이 없다. 그런데 다른 사람의 말에 주의를 기울이는 습관이 부족한 사람은, 우리 언어의 리듬에 주의를 기울이는 시스템이 상대적으로 약하다. 이런 아동들은 어떻게 돕는 것이 좋을까. 어떤 이들은 음소인식에 결함이 있으니 음소인식을 가르쳐야 한다고 생각한다. 조음 장애가 있으니 정확한 발음을 하도록 지도해야 한다고 생각하기 쉽다. 하지만 난독증 개선 목표가 무엇인지 기억한다면 생각이 달라질 것이다.

사례_음소인식이 안 되는 아동

> 어머니 : "선우야, 바나나 먹어 봐. 아주 달아."
> 민　수 : "응, 어머니. 따나나가 정말 달다."
> 어머니 : "'따나나'가 아니라 '바나나'야."
> 민　수 : "응, 따나나."
> 어머니 : "아니, 바나나라고."
> 민　수 : "응, 따나나."
> 어머니 : "어휴, 그래. '따나나'다 '따나나.'"
> 민　수 : "어머니, 왜 '따나나'를 '따나나'라고 하지 않고 '따나나'라고 그래?"

난독증 개선의 목표는 정확한 발음으로 읽을 수 있도록 만드는 데 있지 않다.

위의 글을 보면 선우가 '바나나'를 [바나나]로 정확히 발음하지 못하고 [따나나]로 발음하고 있지만, 어머니가 말하는 '바나나'란 말을 '바나나'로 정확히 인식하고 있다는 것을 알 수 있다. 또 선우는 바나나가 어떤 과일인지 알고 있다. 그렇다면 선우가 바나나와 관련 내용으로 이루어진 동화를 읽는 경우, '바나나'를 [따나나]라고 잘못된 발음으로 읽기는 하겠지만, 읽은 내용이 무슨 내용인지 이해할 수 있다.

선우가 '바나나'를 [따나나]라고 발음하는 이유는 음소 'ㅂ'에 대한 음운표상이 좋지 않아, 말할 때 자신도 모르게 [ㅂ] 발음을 [ㄸ] 발음으로 대체하여 발음하기에 나타나는 현상일 뿐이다. 그런데 만약 이런 선우에게 읽기 지도 시 지속하여 발음을 지적하고, 정확한 발음을 하도록 요구하면 어떻게 될까. 발음에 신경을 쓰다 내용을 이해하지 못한 채 글자만 읽는 습관이 만들어질 수 있다.

*

위 사례들은 정도의 차이는 있으나 모두 말소리를 정확하게 인식하는 데 필요한, 음운표상이 좋지 않은 아동들이다. 이런 경우 한글을 배우는 단계에서 특별한 문제가 없더라도 음운처리능력의 부족으로 읽기 유창성 발달에 어려움이 있고 학년이 올라가면 난독증으로 인한 학습 부진이 나타날 수 있다.

이런 아동은 어떻게 돕는 것이 좋을까? 어떤 이들은 음소인식에 결함이 있으니 음소인식을 가르쳐야 한다고 생각한다. 조음 장애가 있으니 정확한 발음을 하도록 지도해야 한다고 생각하기 쉽다. 하지만 난독증 개선 목표가 무엇인지 기억한다면 생각이 달라질 것이다.

읽기 시에 정확한 발음으로 읽는 것은 중요하다. 하지만 읽기 발달 초기에 발음에 신경 쓰며 읽다 보면, 내용을 이해하며 읽는 읽기능력이 자라나는 데 방해가 된다. 즉, 지속하여 발음을 지적하고, 정확한 발음으로 읽도록 지도하면 내용을 모르며 읽는 습관이 만들어질 수 있다.

언어처리능력은 해당 언어에 노출된 시간이 길어질수록 점점 더 향상된다. 아동이 정확한 음가를 모르는 원인이 청각변별력의 부족이든 해당 언어에 주의를 기울이는 힘의 부족이든 결국 근본적으로는 언어 발달 과정에서 해당 언어에 노출된 절대량이 부족해서이다.

내용을 이해하며 리듬 있게 읽는 능력이 만들어지면, 읽기에 자신감이 생겨 더 많이 해당 언어를 접하게 되고, 해당 음가에 대한 음운표상도 점점 좋아져 발음을 교정하기 쉽다. 난독증 아동의 경우 조음을 바로잡아 주는 것은 아동이 내용을 이해하며 리듬 있게 읽는 습관이 형성된 후에 진행하는 것이 좋다.

난독증 개선의 목표는 정확한 발음으로 읽을 수 있도록 만드는 데 있지 않다. 난독증 개선훈련은 조음 장애 개선훈련과 다르며, 조음 장애가 개선된다고 난독증이 해결되는 것도 아니다. 난독증 아동은 읽기를 두려워한다. 난독증 개선의 목표는 읽기에 대한 두려움을 극복하고, 내용을 이해하며 읽는 능력과 리듬감을 가지고 빠르게 읽는 읽기 유창성을 길러 주는 것이다. 궁극적으로 난독증 아동의 두뇌 특성에 맞는 교육을 통해 아동이 책 읽기를 좋아하게 만들어 주어야 한다.

2. 개선방법

책을 좋아하는 마음 만들기

서점이나 학교 도서관에 가 보면 많은 책이 있다. 하지만 난독증이 있는 학생들이 읽을 만한 책은 매우 적다. 그 이유는 난독증이 교육적인 영역과 신경학적인 영역이 교차하는 영역에서 나타나는 증상이기 때문이다. 일반적으로 인지능력과 신경학적 정보처리능력은 비례한다. 하지만 난독증 아동은 인지능력과 비교해 읽기를 담당하는 신경학적 정보의 처리능력이 부족하다.

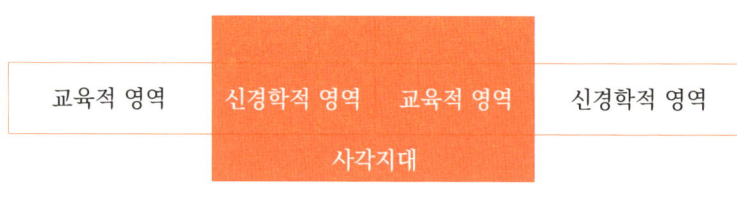

| 정보처리 영역 |

예를 들어, 난독증으로 읽기 어려움을 느끼는 초등학교 5학년 학생이 있다고 가정해 보자. 그 학생이 5학년에 맞는 평균적 수준의 지식과 인지능력을 가지고 있어도, 읽기를 담당하는 신경학적 정보처리능력은 초등학교 1학년 수준으로 낮을 수 있다. 이런 경우 초등학교 5학년 수준의 책은 글밥이 너무 많아 읽기가 힘들고 아동이 책에 흥미를 느끼기 어렵다. 초등학교 1학년 수준의 책 역시 내용이 자신의 지식이나 인지 수준에 맞지 않아, 재미가 없어 흥미를 못 느낀다. 이런 학생에게는 글밥은 초등학교 1학년 수준이나, 내용은 초등학교 5학년 수준인 책이 필요하다.

난독증 개선은 단지 읽기능력만 길러 주어서는 훈련 효과가 지속되기 어렵다. 책을 읽는 데 흥미를 느끼도록 만들어 줘야 한다. 그러기 위해서는 부모님이나 선생님이 이들이 흥미를 느끼며 읽을 수 있는 책을 잘 선정해 주어야 한다. 난독증 아동이 좋아할 만한, 읽을 만한 책이 필요하다.

증상 4.
문장을 문맥으로 대충 파악한다

  난독증 아동은 정보를 정확히 인지하여 문제를 해결하기보다는 전체적인 맥락을 통하여 문제를 해결하는 경향이 강하다. 두뇌는 두 가지 방법으로 정보를 처리한다. 하나는 좌뇌 주도로 언어적, 분석적, 순차적, 사실적으로 정보를 처리하는 방식이며, 또 하나는 우뇌 주도로 전체적, 통합적, 맥락적으로 정보를 처리하는 방식이다. 정보를 정확히 처리하기 위해서는 좌·우뇌 협응이 중요하다. 난독증 아동은 전체적, 맥락적으로 정보를 처리하려는 경향이 강해, 좌·우뇌 협응 능력이 떨어지며, 그 결과 건성 보거나 건성 듣는 습관이 생긴다.

1. 원인

난독증 아동의 정보처리 방식과 읽기 초창기의 잘못된 읽기 지도가 대충 읽는 습관을 만든다.

  난독증 아동의 두뇌는 사실적 정보를 처리하는 두뇌는 천천히 움직이고, 맥락으로 내용을 파악하는 두뇌는 빨리 움직이는 경우가 많다. 글자를 안다고 혼자 읽기를 시키면, 아동은 좌·우뇌를 협응하여 읽기보다는 자신도 모르게 우뇌에 의존하여 읽는다. 대충 읽기 습관을 개선하기 위해서는 능력 차이가 있는 좌·우뇌가 협응하여 읽도록 지도해야 한다.

사례_맥락으로 내용을 이해하는 아동

규철이는 낱글자 인지검사에서 70% 정도의 낱글자를 인지하는 것으로 확인된 초등학교 1학년 아동이었다. 그런데 읽기 유창성을 평가하는 검사에서는 1분간 총 95어절이나 읽어 냈다. 일반적으로 낱글자 인지검사에서 70% 정도의 낱글자 인지율을 보이는 학생들의 경우, 정확히 읽기 위해 글자를 한 자씩 읽는 버릇이 있다. 이런 경우 1분간 총 읽은 어절 수가 30어절을 못 넘기는 경우가 대부분이다.

물론 규철이는 빨리 읽은 대신에 틀리게 읽은 어절이 매우 많았다. 틀린 어절이 35어절이나 되어, 자신이 읽은 어절의 1/3 이상을 틀리게 읽었다. 규철이는 단어에 자신이 모르는 글자가 섞여 있는 경우에 앞뒤 맥락에 맞춰 대충 읽었다. 그러다 보니 정확히 읽은 단어도 있었지만, 틀리게 읽거나 유사한 단어로 대체하여 읽은 단어도 있었다. 그런데도 규철이는 읽은 내용을 이해하고 있었다.

읽기에서 맥락을 활용하여 내용을 파악하는 능력은 매우 중요하다. 난독증 아동은 건성 보는 습관으로 읽기 오류도 많고 대충 읽는 모습을 보이지만, 인지능력에 문제가 없다면 읽은 내용 중에 중요단어를 활용하여 내용을 파악한다. 인지능력이 좋은 경우에는 건성 듣고, 건성 보는 습관으로 주의가 산만해 보이지만 학습능력은 좋을 수 있다.

이들의 문제는 이러한 습관이 점점 더 굳어진다는 것이다. 저학년 때는 읽는 내용이 쉬워서 대충 읽어도 이해가 되지만 학년이 올라가면 내용이 어려워져 대충 읽어서는 내용 파악이 안 된다. 자세히 읽고 싶지만 읽다 보면 자신도 모르게 습관대로 대충 읽게 된다. 그래서 손으로 짚어 가며 읽거나, 밑줄을 치며 읽는 방법으로 문제를 해결하려 한다. 그런 방법으로 문제가 해결되면 다행이지만 그렇지 못하면 학습을 회피하게 된다.

2. 개선방법

대충 읽는 습관은 정신 차려 읽는다고 해결되지 않는다. 이미 습관화되어 자신도 모르게 그렇게 읽는 것이다. 대충 읽는 습관을 개선하려면 원인을 파악하여 제대로 된 읽기 습관을 다시 만들어 주어야 한다.

가. 아동이 충분히 편히 읽을 수 있는 동시 또는 텍스트를 선정하여 어절 단위로 읽어 주고, 텍스트를 보며 읽어 준 대로 따라 읽도록 지도한다. (2회 이상 반복)

어절 단위로 리듬 있게 읽어 주고 따라 읽도록 지도할 때 어절의 끝 모음을 길게 빼며 읽어 주어야 한다. 어절의 끝모음을 길게 빼며 읽어 주면 아동은 읽어야 할 문자를 말소리로 바꾸어야 하는 부담(스트레스)이 없는 상태에서, 읽어 주는 선생님의 말소리에 주의를 기울이게 되어 좌·우뇌가 협응하며 문자를 정확히 보며 읽는 여유를 가지게 된다.

나. 따라 읽기를 두 번 진행한 동시 또는 텍스트를 아이가 혼자 읽도록 한다.

리듬 있게 잘 읽으면 5회 반복하도록 지도한다. 하지만 잘못 읽으면 동시나 텍스트의 난이도 수준을 한 단계 낮추어 다시 읽어 주고 따라 읽도록 지도한다.

〈구체적인 훈련방법〉

  선생님이 어절 단위로 읽어 주고 따라 읽었던 텍스트를 여러 가지 방법으로 소리 내어 읽다 보면 자연스럽게 읽기 시 좌·우뇌가 협응하여 읽는 습관이 생긴다.

> 1회 : 편한 마음으로 천천히 내용을 이해할 수 있게 속도를 조절하여 읽도록 지도한다.
> 2회 : 감정을 섞어서 리듬을 타며 재미있게 읽도록 지도한다.
> 3회 : 1회 읽기처럼 편한 마음으로 읽되 1회보다 빨리 읽도록 지도한다.
> 4회 : 2회 읽기처럼 감정을 섞어서 리듬을 타며 재미있게 읽도록 지도한다.
> 5회 : 최대한 큰 목소리로 빠르게 읽도록 지도한다.

증상 5.
내용을 이해하지 못하고 글자만 읽는다

1. 원인

글자는 잘 읽는데도 내용을 이해하지 못하는 것은 글자를 배우는 단계에서 문자해독에만 집중하는 잘못된 읽기 습관이 만들어졌기 때문이다. 읽기 시 두뇌에서는 문자해독과 내용 이해라는 두 가지 정보처리 과정이 동시에 진행된다. 문자해독에 어려움이 있었던 난독증 아동은 글자를 배우는 것에 대한 스트레스로 문자해독에 집중하는 잘못된 읽기 습관이 생겨, 읽기 시 내용을 모른 채 읽게 되는 것이다.

이런 경우 글자를 다 익혔다고 난독증이 개선된 것이 아니다. 글자를 배우는 데 어려움을 느끼는 음운성 난독증에서, 내용을 모른 채 읽는 유창성 난독증으로 증상이 바뀐 것이다. 따라서, 글자를 배우는 데 어려움을 느끼는 난독증 아동 지도 시 그들의 두뇌 특성을 이해하고 지도하는 난독증 개선방법이 필요하다.

사례_글자만 읽는 아동

> 정상적인 지능을 가진 명수는 겉으로 보기에는 글을 잘 읽는 것 같은데 자신이 읽은 내용을 전혀 이해하지 못한다. 명수는 '나무늘보'를 잘 알고 있지만, 책에 쓰여 있는 '나무늘보'를 읽고도 자신이 잘 알고 있

> 는 '나무늘보'를 연상하지 못한다. 명수처럼 지능에 문제가 없고 글자를 아주 잘 읽는데 내용을 거의 이해하지 못하는 아동들이 있다. 난독증으로 잘못된 읽기 습관이 만들어진 아동들이다.

2. 개선방법

가. 아동이 이해하며 읽을 수 있는 수준의 글을 찾아야 한다.
1) 초등학교 입학 전 접하는 아주 이해하기 쉬운 문장으로 이루어진 텍스트부터 초등학교 고학년 국어책에서 발췌한 텍스트까지 내용의 난이도가 서로 다른 텍스트를 여러 가지 준비한다.
2) 준비된 다양한 난이도의 텍스트를 아동에게 읽도록 지도하고, 읽은 내용을 파악하며 읽는 텍스트 수준이 어느 정도인지를 찾아낸다.
3) 아동이 내용을 파악하며 읽는 텍스트 난이도 수준보다 한 단계 낮은 수준의 텍스트가 아동이 훈련에 사용할 텍스트이다.

나. 자신의 수준에 맞는 텍스트를 활용하여 내용을 파악하며 읽는 습관을 키워 줘야 한다.
1) 먼저 아동이 충분히 내용을 파악하며 읽을 수 있는 수준의 텍스트를 한 어절 단위 또는 두 어절 단위로 읽어 주고, 텍스트를 보며 따라 읽도록 지도한다. (2회 이상 반복)
어절 단위로 리듬 있게 읽어 주고 따라 읽도록 지도할 때, 어절의 끝 모음을 길게 빼며 읽어 준다. 한 어절 단위 또는 두 어절 단위로 어절의 끝모음을 길게 빼며 읽어 주면 아동은 따라 읽기를 통하여 의미 단위로 리듬 있게 읽는 능력이 향상된다.
2) 따라 읽기를 두 번 진행한 텍스트와 같은 수준의 텍스트를 아동이 혼자 5회 읽도록 한다. (1회 읽기 시에는 편한 마음으로 리듬감을 가지고 내용을 이해할 수 있는 속도로 읽도록 한 후, 다 읽고 나면 내용을 질문한다. 질문에 대답을 잘하면 2회 읽기에 들어가지만, 질문에 대답을 못 하면, 텍스트의 난이도 수준을 한 단계 낮추어 처음부터 다시 진행한다.)

〈구체적인 훈련방법〉

1회 : 편한 마음으로 천천히 내용을 이해할 수 있게 속도를 조절하여 읽도록 지도한다.
2회 : 감정을 섞어서 리듬을 타며 재미있게 읽도록 지도한다.
3회 : 1회 읽기처럼 편한 마음으로 읽되 1회보다 빨리 읽도록 지도한다.
4회 : 2회 읽기처럼 감정을 섞어서 리듬을 타며 재미있게 읽도록 지도한다.
5회 : 최대한 큰 목소리로 빠르게 읽도록 지도한다.

수업이 진행되면서 충분히 내용을 이해하며 리듬감 있게 읽는다고 판단되면 텍스트의 내용 수준을 한 단계 높여, 같은 방법으로 진행한다. 이렇게 진행하다 보면 어느 순간 자연스럽게 내용을 파악하며 읽는 습관이 생긴다.

증상 6.
받침소리를 배우기 어렵다

1. 원인

난독증 아동이 받침소리를 배우기 어려워하고, 특히 겹받침을 익히기 어려워하는 이유는 부족한 음운처리능력과 관련이 있다.

  글자는 말소리에 형태를 부여한 그림이다. 받침소리를 배우기 위해서는 하나의 말소리가 더 작은 음절 또는 음소로 이루어져 있다는 것을 인지하는 음운인식력이 좋아야 하며, 글자의 형태와 말소리가 일대일로 결합해 있어야 한다.

  난독증 아동은 음운인식력의 부족으로 음소 단위로 말소리 구조를 인식하는 데 어려움이 있고, 건성 보는 습관으로 글자의 형태를 정확하게 기억하지 못하여, 글자의 형태와 말소리의 세부 구조가 일대일로 결합되지 않는다.

  겹받침이 있는 글자를 배우기 위해서는, 그와 유사한 소리와 구별하여 기억해야 한다. 예를 들면, '닭'이라는 겹받침 소리를 배우기 위해서는, '닭'과 유사한 소리인 '닥'과의 차이를 명확히 구별할 수 있어야 한다. 하지만 난독증 아동은 받침에서만 차이가 나는 두 소리의 차이를 구분하지 못한다. 글자의 형태와 말소리의 세부 구조가 일대일로 결합하지 못해, 받침 있는 소리 특히 겹받침을 익히기 어렵다. 이런 까닭에 선생님이 아무리 두 소리의 차이를 잘 설명해 주어도 쉽게 배우지 못하는 것이다.

2. 개선방법

가. 리듬감 있게 읽는 습관을 길러 줘라.

일반적으로 난독증 아동은 음소인식의 부족으로 받침의 소리를 배우기 어려우니, 철자와 발음을 일대일로 연결하여 발음하도록 지도를 하면 좋을 것으로 생각하기 쉽다. 물론, 학습에 있어서 정확한 읽기는 중요하다.

하지만 맥락으로 이해하는 능력은 좋으나, 읽기능력이 부족한 난독증 아동에게는 내용 이해에 중점을 두는 읽기 지도를 해야 한다. 신경학적 약점으로 받침소리를 배우기 어려운데 과도하게 개선시키려 하면, 내용을 이해하며 리듬 있게 읽는 읽기 유창성의 발달에 악영향을 끼치게 된다.

즉, 난독증 아동의 경우 받침을 정확히 읽도록 지도하는 것은, 아동에게 내용을 이해하며 리듬 있게 읽는 습관이 만들어진 이후에 진행하는 것이 좋다.

나. 언어적 기억력을 길러 줘라.

난독증 아동의 신경학적 약점을 자연스럽게 개선하는 방법으로, 언어적 기억력을 길러 주는 방법이 있다. 언어적 기억력이 향상되면 말소리 구조를 알게 되어 받침 있는 소리를 배우는 능력이 향상된다. 또 청각집중력이 개선되면 발음을 직접 가르치지 않아도 받침을 배우기 어려워하는 증상이 개선된다. 청각집중력이 개선되어 주위 친구들의 발음을 정확히 듣다 보면, 자연스럽게 말소리 구조를 알게 되어 받침 있는 소리를 배우는 능력이 향상된다.

〈구체적인 훈련방법〉

> **동시 외우기**
> 1) 동시를 아동에게 들려주고, 동시를 기억하도록 지도한다.
> 2) 아동이 동시를 들려준 대로 리듬 있게 낭독하도록 지도한다.
> 3) 동시 대신에 아동이 관심 있는 글을 활용해도 좋다.

언어적 기억력을 향상하는 훈련을 진행할 때 주의해야 할 것이 있다. 아동이 적당히 노력해 잘할 수 있는 분량을 제공해야 한다는 것이다. 처음에는 적은 양부터 시작하는 것이 좋다. 언어적 기억력이 향상되면 학습에도 큰 도움이 된다.

증상 7.
맞춤법에 맞게 쓰기가 어렵다

난독증 아동의 부모님과 상담을 하다 보면, 아동이 읽기는 어느 정도 되는데 받침 있는 글자를 읽기 어려워하고, 맞춤법에 문제가 있어 걱정이라는 말을 종종 듣는다. 난독증이 있는 아동의 경우 읽기뿐 아니라 쓰기에도 어려움을 겪게 된다. 또한, 한글뿐만 아니라 영어를 학습할 때도 어려움을 느끼게 된다.

1. 원인

난독증 아동이 철자법을 익히는 데 어려움이 나타나는 이유는 그들의 부족한 음운처리능력과 건성 보는 습관과 관련이 있다.

글자는 말소리에 형태를 부여한 그림이다. 철자법이 정확하기 위해서는 하나의 말소리가 더 작은 음절 또는 음소로 이루어져 있다는 것을 인지하는 음운인식력이 좋아야 하며, 글자의 형태와 말소리를 일대일로 결합할 수 있어야 한다. 난독증 아동은 음운인식력의 부족으로 음소 단위로 말소리 구조를 인식하는 데 어려움이 있고, 건성 보는 습관으로 글자의 형태를 정확하게 기억하지 못하여, 글자의 형태와 말소리의 세부 구조를 일대일로 결합하지 못한다.

단어 중에는 철자와 말소리가 일치하지 않는 단어가 있다. 일반적으로 정확한 철자법으로 쓰기 위해서는 이런 단어를 외워야 하지만, 난독증 아동이 철자법을 정확히 쓰기 위해서는 이보다 더 많은 단어를 외워야 한다. 그래서 맞춤법에 오류가 많고 글자를 배우는 데 스트레스를 받는다.

2. 개선방법

학습에 있어서 정확한 맞춤법은 중요하다. 하지만 맥락으로 이해하는 능력은 좋으나 읽기능력이 부족한 난독증 아동이 정확한 맞춤법에 신경 쓰다 보면, 읽기에 대한 자신감이 후퇴해 내용을 이해하며 리듬 있게 읽는 읽기 유창성 발달에 악영향을 끼치게 된다. 이런 점을 생각한다면 난독증 아동의 경우 받침을 정확히 읽도록 지도하는 것은, 아동에게 내용을 이해하며 리듬 있게 읽는 습관이 만들어진 이후에 진행하는 것이 좋다.

철자법에 문제가 있는 난독증 아동의 신경학적 약점을 자연스럽게 개선하는 방법은 「받침소리를 배우기 어렵다」에서 언급한 언어적 기억력을 길러 주는 방법과 「조사나 어미를 교체해 읽는다」에서 언급한 건성 보는 습관을 개선하는 방법을 병행하는 것이 좋다. 언어적 기억력이 향상되어 말소리 구조를 알게 되고, 건성 보는 습관이 개선되면, 글자의 형태를 정확하게 기억할 수 있다. 따라서, 글자의 형태와 말소리를 일대일로 결합하게 되어 철자법이 자연스럽게 향상된다.

증상 8.
의미가 비슷한 단어로 대체해 읽는다

 난독증이 있는 경우 정보를 재편집하여 인지하는 경우가 많다. 건성 듣는 습관으로 인한 부족한 정보를, 맥락을 통하여 인지하기 위하여 이미 알고 있는 정보에서 끌어다 채워 넣기 때문이다. 이를 정보의 재편집 과정이라고 하며, 이러한 정보처리 습관은 아래 사례처럼 내용을 잘못 인식하게 하기도 한다.

1. 원인

건성으로 보고 듣는 습관으로 인해 읽기 시 입력된 정보를 재편집하여 처리한다.
 읽기 시 건성건성 보면서 전체적인 맥락으로 인지하는 난독증 아동의 읽기 습관은, 읽어야 할 단어가 익숙하지 않은 경우, 자신이 이미 알고 있는 유사한 뜻을 가진 익숙한 단어로 대체하여 읽게 한다.
 예를 들면, '민철이는 걸상에 앉아 책을 읽고 있다'란 문장을 읽는데 "민철이는 의자에 앉아 책을 읽고 있다"란 식으로, 걸상을 비슷한 뜻을 가진 의자로 대체하여 읽는 것이다. 이런 증상은 건성으로 보고 듣는 습관으로 인해 나타난다.

사례_건성으로 보고 듣는 습관을 가진 학생

> 중학교 다닐 때 친구들과 캠프에 참여하여 같이 노래를 배운 적이 있다. 그런데 집에 돌아와서 노래 가사 때문에 친구들 사이에 말다툼이 벌어졌다.
>
> 영민이란 친구가 '고요하고 적막한 밤 저 시냇가에 앉아, 세상 고락과 번민을 잊고서 나 편히 쉬리라'라는 가사 중에 고락이란 가사가 고락이 아니라 오락이라고 우겨서이다. 그런데 그 친구가 강력하게 우기니까, 나머지 친구들도 '고락이 아니라 오락이 맞는 건가' 하고 흔들리기 시작했다.
>
> 우리는 다 같이 '고락'이란 단어가 있는지, 있다면 무슨 뜻인지 사전을 찾아봤다. 그리고 고락(苦樂)이 '괴로움과 즐거움'을 뜻하는 단어라는 것을 알게 되었다. 계속해서 오락이라고 강력하게 주장하던 영민이는 그제야 '고락'이 맞다고 인정했다.

2. 개선방법

들은 정보를 의미가 비슷한 단어로 대체하여 기억하거나, 읽기 시 의미가 비슷한 단어로 대체하여 읽는 것은 정확하지 않은 정보를 재편집하는 과정에서 일어나는 오류로, 난독증 아동 중에서도 지능이 높은 아동에게 주로 나타난다. 이러한 오류는 언어적 기억력을 길러 주는 방법과 건성으로 보고 듣는 습관을 개선하는 방법을 병행하면 자연스럽게 개선된다.

증상 9.
글자를 거꾸로 읽거나 다르게 읽는다

1. 원인

글자를 읽을 때 받는 스트레스가 읽기 시 오류를 일으킨다.

난독증 아동이 가지고 있는 음운표상의 문제, 건성 보는 습관, 글자를 3차원적으로 인식하는 데서 오는 오류 등은 글자를 익히는 것만이 아니라, 이미 익힌 글자를 빨리 말소리로 전환하는 읽기 과정에서도 문제를 일으킨다. 이런 까닭에 난독증 아동은 읽기 시 긴장과 스트레스 상태에 놓여 오류가 나기 쉽다. 두뇌는 오류도 학습한다. 같은 글을 다시 읽는데도, 긴장과 스트레스 상태에서는 자신도 모르게 거꾸로 읽거나 틀리게 읽는 실수를 반복한다.

사례_앞뒤를 뒤집어 읽는 아동

> 초등학교 5학년인 민주는 학교에서 진행한 난독증 척도검사에서 난독증 고위험군으로 분류되어 읽기유창성검사를 받게 되었다. 민주는 검사에서 처음에는 5학년 평균 정도의 읽기 실력을 보여주었다. 그런데 갑자기 '영지는'이란 어절을 [지영이는]이라고 거꾸로 읽었다. 그 이후 '영지는'이란 어절이 다섯 번 나왔는데, 민주는 모두 [지영이는]이라고 거꾸로 읽었다.

2. 개선방법

아는 글자를 거꾸로 읽거나 다르게 읽는 아동은 읽기에 불편한 감정이 있는 아동이다. 난독증 발생의 신경학적 원인에 대한 근본적인 개선과 함께, 불편한 감정을 우회하여 지도하는 전략이 필요하다.

가. 긴장하지 않고 편안히 읽을 수 있는 수준의 텍스트를 찾아야 한다.
1) 초등학교 입학 전에 접하는 아주 이해하기 쉬운 문장의 텍스트부터 초등학교 고학년 국어책에서 발췌한 텍스트까지, 읽기 난이도가 서로 다른 텍스트를 여러 가지 준비한다.
2) 준비된 다양한 난이도의 텍스트를 아동에게 읽도록 지도하고, 긴장 없이 리듬 있게 읽는 텍스트 수준이 어느 정도인지를 파악한다.

나. 읽기 수준에 맞는 텍스트를 활용하여 긴장 없이 리듬 있게 읽는 읽기 습관을 만들어 주어야 한다.
1) 먼저 아동이 긴장 없이 리듬 있게 읽을 수 있는 수준의 텍스트를 한 어절 단위 또는 두 어절 단위로 읽어 주고, 텍스트를 보며 읽어 준 대로 따라 읽도록 지도한다. (2회 이상 반복)
　어절 단위로 리듬 있게 읽어 주고 따라 읽도록 지도할 때, 어절의 끝모음을 길게 빼며 읽어 주어야 한다. 한 어절 단위 또는 두 어절 단위로 어절의 끝모음을 길게 빼며 읽어 주면, 아동은 따라 읽으면서 마음이 편안해져, 긴장이 풀린 상태에서 의미 단위로 리듬 있게 읽는 능력이 길러진다.
2) 따라 읽기를 두 번 진행한 텍스트와 같은 수준의 텍스트를 아이가 5

회 혼자 읽도록 한다. (1회 읽기 과정에서 아동이 긴장하는 모습을 보인다면, 텍스트의 난이도 수준을 한 단계 낮추어 다시 진행한다.)

〈구체적인 훈련방법〉

 수업이 진행되면서 충분히 내용을 이해하며 리듬감 있게 읽는다고 판단되면 텍스트의 내용 수준을 한 단계 높여 같은 방법으로 진행한다. 이렇게 진행하다 보면 자연스럽게 어느 순간 긴장 없이 리듬 있게 읽는 습관이 형성된다.

> 1회 : 편한 마음으로 천천히 내용을 이해할 수 있게 속도를 조절하여 읽도록 지도한다.
> 2회 : 감정을 섞어서 리듬을 타며 재미있게 읽도록 지도한다.
> 3회 : 1회 읽기처럼 편한 마음으로 읽되 1회보다 빨리 읽도록 지도한다.
> 4회 : 2회 읽기처럼 감정을 섞어서 리듬을 타며 재미있게 읽도록 지도한다.
> 5회 : 최대한 큰 목소리로 빠르게 읽도록 지도한다.

증상 10.
언어표현력이 부족하다

  성적도 좋고, 아는 것이 많아도 막상 말해야 할 상황에서는 제대로 말을 못 하는 학생이 종종 있다. 자기 생각을 말로 표현하는 데 어려움이 있는 학생이다. 이런 문제가 있는 학생에게 읽은 내용이나 배운 내용을 설명하라고 하면 분명히 아는 것 같은데도 말에 두서가 없고, 주저주저하며 했던 말을 반복하는 모습을 보인다.

  왜 그럴까? 생각은 두뇌 내부의 신경 신호로 이루어진다. 하지만 생각을 언어로 표현하기 위해서는, 입술과 혀를 비롯한 여러 근육의 움직임이 필요하다. 이런 까닭에 자기 생각을 잘 표현하기 위해서는 단지 생각하는 능력이 좋은 것만으로는 부족하며, 언어표현을 담당하는 두뇌영역도 좋아야 한다.

1. 원인

난독증 아동은 언어정보처리능력과 관련된 신경학적 문제가 있다.
  난독증 아동이 자기 생각을 언어로 표현하기 어려운 이유는 다음과 같다. 첫째, 자기 생각을 언어로 잘 표현하기 위해서는 장기기억 속에 저장된 이미지를 순서대로 표현해야 하는데, 난독증 아동은 순차적 처리능력이 부족하다. 둘째, 난독증 아동은 생각을 담당하는 두뇌영역과 언어표현을 담당하는 두뇌영역의 협응이 부족하다. 서로 다른 두뇌영역의 협응 능력을 기르기 위해서는 협응의 경험이 많아야 한다.

이것은 이인삼각 경주와 같다. 이인삼각 경주는 개인의 달리기 능력도 중요하지만, 무엇보다 상대와의 호흡이 맞아야 한다. 즉, 호흡을 맞춘 경험이 많아야만 최상의 성과를 낼 수 있다. 그런데 만약 둘의 능력 차이가 크거나 호흡을 맞춘 경험이 적다면 제대로 성과를 낼 수 없다.

마찬가지로 생각을 담당하는 두뇌 능력과 언어표현을 담당하는 두뇌 능력의 편차가 큰 경우나 두 영역의 협응이 원활하게 길러지지 못한 경우에 자기의 생각을 말로 표현하기 어렵다. 자기 생각을 제대로 표현하지 못하면 두뇌는 강한 스트레스를 받는다. 이런 경우 말을 해야 할 상황이 되면 불안하고 긴장해 말을 서두르게 된다. 이로 인해 언어표현력은 더 떨어지게 되는 것이다. 언어표현력 부족은 난독증을 일으키는 언어정보처리능력과 관련된 신경학적인 문제로 나타나는 또 하나의 증상이다.

두뇌의 협응 능력은 학습을 통해 길러진다. 즉, 한 아동의 언어표현 능력은 그 아동이 오랜 시간 동안 자기 생각을 언어로 표현하는 과정에서 학습된 것이다. 언어발달 과정을 살펴보면 누구나 어려서는 말이 느렸다. 하지만 자라면서 인지능력이 향상되고 말의 속도도 점점 빨라진다. 빠르게 말하는 능력은 느리게 말할 때 정확하게 말하는 능력의 자동화를 기반으로 발달하게 된다.

난독증이 있는 아동은 이 부분에 문제가 있다. 언어정보처리와 관련된 신경학적인 문제로 인하여 일반 아동과 달리 어려서 말을 느리게 할 때, 정확하게 말하는 능력을 충분히 기르지 못했다. 그런 상태에서 빠르게 말을 하려다 보니, 자기 생각을 언어로 표현하는 데 문제가 나타나게 된 것이다. 충분히 연습이 되지 못한 상태에서 빨리 달리려다가,

스텝이 꼬이는 것과 같은 상황이다. 이런 문제를 해결하기 위해서는 읽기 유창성 훈련이 필요하다.

2. 개선방법

소리 내어 읽게 해라.

　소리 내어 읽기 훈련은 자연스럽게 자기 생각을 언어로 표현하는 능력을 길러 준다. 언어표현력은 무의식영역에서 이루어지는 신경학적 언어정보처리능력이다. 소리 내어 읽는 훈련을 통하여 읽기 리듬감과 유창성이 좋아지면, 어휘력과 언어표현력이 좋아진다.

2부

읽기가 전부다

- 사례편 -

2부를 시작하며

2부에서는 현재 천안능수초등학교에 재직 중인 이영선 교장 선생님의 한글 교육 사례를 소개합니다. 교장 선생님이 글을 깨치지 못했던 네 명의 어린이와 함께 공부한 경험을 '이야기 형식'으로 담았습니다.

다중감각·영역 통합적인 학습 방법을 통해 아이들이 마음을 열고, 체험을 통해 배우고, 스스로 도서관을 이용하며 책을 읽는 습관을 형성하는 읽기 학습의 과정과 사례를 생생하게 볼 수 있습니다.

선생님이 활용한 학습 방법은 난독증, 느린 학습자, 경계선 지능, 환경적 결핍 등의 다양한 이유로 읽기에 어려움을 느끼는 어린이뿐 아니라, 한글을 처음 시작하는 아이들의 한글 학습에도 효과적입니다.

아이를 지도하는 학교나 가정에서 이 책에 소개된 학습 과정과 방법을 많이 활용하기를 바랍니다.

일러두기 |

- 동호 : 난독증 해당자, 특수 교육 대상자, 느린 학습자, 아동복지시설 거주
- 재호 : 난독증 해당자, 느린 학습자
- 민수 : 특수 교육 대상자, 느린 학습자, 다문화 가정
- 선우 : 특수 교육 대상자, 느린 학습자

난독증을 탈출하는 10가지 방법

하나. 심장호흡하기
 글자 공부에 대한 두려움에서 벗어나 평정심을 찾을 수 있어요.
둘. 「감정날씨」 놀이로 마음 열기
 글자 공부를 하기 전에 아이의 감정 상태를 알 수 있어요.
셋. 「이미지 프리즘」으로 말문 열기
 친밀감이 형성되어 아이가 마음을 열고 이야기를 시작해요.
넷. 체험을 바탕으로 글자 배우기
 체험한 내용을 배우면 글자를 오래 기억할 수 있어요.
다섯. 아이가 알고 싶은 것 묻기
 궁금한 것을 배워야 학습 욕구가 생겨요.
여섯. 그림으로 의미 이해하기
 그림을 그리면 관찰력도 좋아지고 글자를 쉽게 받아들여요.
일곱. 컴퓨터 자판을 이용한 글쓰기
 글자 쓰는 순서부터 글 전체 내용까지 이해할 수 있어요.
여덟. 텍스트로 국어 교과서 활용하기
 국어 교과서를 읽을 수 있게 도와줘야 해요.
아홉. 도서관 이용하기
 자기에게 맞는 책을 고르고, 책 읽는 습관을 기를 수 있어요.
열. 동요로 리듬감 배우기
 리듬감 있게 읽는 훈련이 되고, 반복해도 지루하지 않아요.

01
마음 이해하기

개학하고 몇 주가 지났을 때입니다. 나는 동호가 수업 시간에 힘들어한다는 이야기를 들었습니다. 그래서 3학년 1반인 동호네 국어 수업을 지켜보았습니다.

　"이 상황에서 주인공은 무엇을 해야 할까?"
　담임선생님이 아이들에게 물었습니다.
　"해결할 방법을 생각해야 해요."
　"다른 사람들에게 도와달라고 해요!"
　여기저기서 답이 쏟아졌습니다.
　하지만 동호는 뾰로통한 얼굴로 책만 뚫어지게 보고 있었습니다. 질문도 이해가 안 되고, 무얼 대답해야 하는지 몰라 눈치만 보았습니다.
　"무슨 상황?"
　동호가 짝꿍에게 물었습니다.
　"위험에 처한 주인공이 어떻게 해야 할지 쓰는 거야."
　짝꿍이 당연한 걸 왜 묻냐는 듯이 대답했습니다.
　"어디다 써? 너는 뭐라고 썼어?"
　동호는 짝꿍이 쓰는 답을 보려고 기웃거렸습니다.
　"야, 왜 자꾸 내 답을 봐? 어차피 봐도 못 읽으면서."
　동호는 무안해서 얼굴이 빨개졌습니다. 그때부터는 책만 쳐다봤습니다.

'저런 일을 한두 번 겪는 게 아닐 텐데…. 수업 시간 내내, 아니 매일매일, 그것도 3년째라면, 얼마나 속상할까?'

지켜보는 내내 마음이 아팠습니다.

'동호를 어떻게 도와주면 좋을까?'

나는 교장실로 돌아와 한참을 고민했습니다.

영어 연수를 갔을 때의 일이 떠올랐습니다. 원어민 교수의 말은 정말 알아듣기 힘들었고, 수업 내용을 거의 따라갈 수가 없었습니다. 그런데 옆을 보니 다른 사람들은 말뜻을 잘 이해하는 것 같았습니다. 고개를 끄덕거리거나 웃기도 하고 대답도 잘했습니다. 처음엔 나도 내용이 궁금해서 옆 사람에게 무슨 이야기인지 물었지만, 계속 묻기는 어려웠습니다. 나는 눈치로 감을 잡느라 몹시 피곤했고, 스트레스가 머리 꼭대기까지 차서 폭발할 것 같았습니다. 동호는 매일 그런 감정을 느낄 테니 빨리 도와주고 싶었습니다.

*

"선생님, 안녕히 계세요."

"그래, 내일 보자. 동호만 남고."

친구들은 모두 신나서 집으로 돌아갔습니다.

"아, 또 남아야 해. 한글을 모르는 3학년은 나밖에 없을 거야."

동호가 웅얼거리는 소리가 들렸습니다. 혼자 교실에 남는 게 부끄럽고, 속상해 보였습니다.

"동호야!"

동호는 계속 고개를 숙이고 있었습니다. 내가 몇 번을 불러도 동호는 아무 대답도 하지 않았습니다.

　동호도 한글을 처음 배울 때는 무척 설렜을 것입니다. 글자들이 궁금했을 것이고, 글을 잘 읽어서 선생님의 질문에 대답도 잘하고, 칭찬도 받고 싶었을 것입니다. 하지만 글자를 아무리 배워도 '가'인지 '나'인지 계속 헷갈린다면 무척 답답할 것입니다.

*

"수업 시간에 동호는 계속 소외되고 있어요."
　담임선생님이 매우 걱정스러운 얼굴로 말했습니다.
"그럼, 제가 매일 1교시에 동호에게 한글을 가르치면 어떨까요? 동호에게 도움이 되고 싶어요."
　내가 담임선생님에게 먼저 제안했습니다.
　고개를 푹 숙이고 책만 뚫어지게 보던 동호의 모습이 머릿속에서 떠나지 않았기 때문입니다. 동호가 얼마나 부끄럽고, 속상할지 그 마음을 알 것 같았습니다.
　공부보다 먼저 동호와 친해져야겠다고 생각했습니다. 애착 관계 형성이 동호의 한글 학습에 큰 힘이 될 거라고 확신했습니다. '동호의 한글 읽기' 프로젝트는 약 6개월간 이어졌습니다. 매일 동호는 1교시에 교장실로 와서 국어 수업을 했습니다.
　'교장 선생님이 반드시 글을 읽게 도와줄게!'
　나는 매일 1교시를 기다렸습니다. 아니, 동호를 기다렸다는 게 정확한 표현입니다. 동호가 교장실 문을 들어설 때 나는 어느 때보다도 환한 미소를 지으며 반겨 주었습니다.

02
심장호흡으로
마음 회복하기

동호가 교장실 문을 열고 쭈뼛쭈뼛 들어왔습니다.
"동호야, 어서 와!"
밝은 목소리로 동호를 반겼습니다.
동호는 의자 앞쪽에 살짝 걸터앉았습니다. 이 자리가 불편한 모양이었습니다. 동호는 한 번도 나하고 눈을 마주치지 않았습니다. 곁눈질로 주변을 둘러봤습니다. 눈빛도 마구 흔들렸습니다.
"동호야, 여기가 좀 어색하지?"
동호가 고개를 끄덕였습니다.
"동호는 매일 1교시에 교장실에 와서 선생님과 함께 글자 공부를 하게 될 거야. 담임선생님의 허락도 받았어. 괜찮겠지?"
"네….."
"선생님을 따라 하면 마음이 편해질 거야. 심장호흡이라고 하는데 마음이 금방 편해져."
동호가 처음으로 내 눈을 봤습니다.
"자, 오른손을 심장에 얹어 볼까? 선생님을 따라 해 봐."
동호도 오른손을 심장 위에 얹었습니다.
"자, 심장으로 깨끗한 숲속의 공기가 들어온다고 상상하면서 숨을 마셔 봐."
동호가 천천히 숨을 들이마셨습니다.

"그다음엔 속으로 다섯을 세면서 천천히 내쉬자. 하나 둘 셋 넷 다섯."
이번엔 숨을 길게 내쉬었습니다.
"천천히 숨을 쉬는 게 조금 어렵지? 선생님도 처음 배울 때는 어려웠어."
동호가 얼른 고개를 끄덕였습니다.
"지금처럼 숨을 천천히 내쉬고, 들이마시는 걸 여섯 번 할 거야. 심장으로 산소가 들어온다고 생각하면서 집중해야 해."
동호가 살짝 웃었습니다.
"눈을 감으면 집중이 더 잘 될 거야. 눈을 감고 다시 해 보자."
동호가 심장호흡에 집중할 수 있도록 내가 숫자를 세어 주었습니다. 눈을 감은 동호의 얼굴이 평온해 보였습니다.

심장호흡

심장호흡은 하트 매스(Heart Math) 연구소에서 개발한 마음 회복 방법입니다. 심장호흡은 깊게 들이마시고 깊게 내쉬는 것에 집중합니다. 스트레스를 효과적으로 관리하고 몸과 마음의 평온함과 안정감을 유지하는 데 도움을 줍니다.

대략 5초 동안 숨을 들이마시고 5초 동안 내쉬어서 10초 사이클 심장호흡이라고도 부릅니다. 하지만 아이들의 경우 호흡이 짧을 수 있어서 3초 사이클로 시작해서 4초, 5초로 늘려 가는 연습을 하는 것도 좋습니다. 3회에서 6회 정도 진행하면 좋습니다. 1분이라는 짧은 시간에 마음의 안정감을 찾을 수 있는 매우 효과적인 방법입니다.

03
감정날씨 놀이로
마음 열기

"동호야, 이건 감정날씨 카드야. 이 카드에는 날씨 그림이 그려져 있고, 그 그림으로 표현할 수 있는 감정이 적혀 있어."

동호가 잘 볼 수 있게 카드를 펼쳐 주었습니다.

감정날씨 카드는 날씨와 감정을 연결시켜 자연스럽게 이야기를 끌어내는 도구입니다. 기쁘고 신나는 감정은 해가 쨍쨍 비추는 날씨로, 짜증 나고 화가 나는 감정은 천둥 번개 날씨로, 외롭고 슬픈 감정은 회색 먹구름으로, 편안하고 고요한 감정은 달님으로 표현되어 있습니다.

"지난 며칠 동안 느껴 본 감정이 있으면 골라 봐. 솔직하게 고르면 돼."

동호는 '짜증, 속상함, 기쁨'의 감정 카드를 골랐습니다.

"이 중에서 가장 강하게 느낀 감정을 하나만 골라 볼까?"

동호는 조금 고민하다가 '기쁨'을 골랐습니다.

"왜 기쁨을 골랐는지 이야기해 줄 수 있어? 만약에 말하기 싫으면 안 해도 돼. 말하고 싶은 다른 것으로 바꿔도 되고."

조심스럽게 물었습니다.

"왜 기쁨을 골랐냐면요, 주말에 아빠가 나를 만나러 왔거든요."

동호가 밝은 표정으로 말했습니다.

"그랬구나. 아빠랑 주말에 어디서 만났어?"

나는 동호가 대화를 잘 이어갈 수 있는 질문을 계속 건넸습니다. 동호도 긴장하지 않고 차분하게 대답했습니다.

"동호가 이야기의 주인공이니까, 말을 참 잘하네!"

동호는 방금 아빠를 만나고 온 아이처럼 생생하게 이야기했습니다. 나는 동호의 말을 주의 깊게 들었습니다. 이야기 속에 담긴 아이의 감정이 어떤 것인지 살폈습니다.

"아빠가 많이 보고 싶었어요."

동호가 그동안 누구에게도 말하지 못하고 가슴 깊이 묻어 두었던 말을 슬쩍 꺼냈습니다.

"그래, 그동안 아빠가 많이 보고 싶었구나. 아빠도 동호가 많이 보고 싶었을 거야."

나는 동호의 마음 깊이 자리 잡은 외로움과 그리움을 안아 주고 싶었습니다. 그래서 아빠도 너를 보고 싶었을 거라고 말해 주었습니다. 동호가 고개를 끄덕이며 웃었습니다.

나는 동호와 감정을 함께 이야기하면서 동호가 가족을 얼마나 그리워하는지, 학교생활에서 어떤 어려움을 겪는지, 친구들과의 관계는 어떤지, 학습 수준은 어떤지까지 파악할 수 있었습니다.

*

나는 민수와도 감정날씨 카드로 수업을 했습니다. 동호와 수업할 때 감정날씨 카드로 많이 가까워졌기 때문에, 민수와도 가까워질 기회가 될 것 같아 무척 설렜습니다.

민수는 '속상함' 카드를 들었습니다.

"민수야, 무엇 때문에 속상해?"

"내 이름이 배민수인 게 싫어요!"
민수의 표정이 일그러졌습니다.
"무엇 때문에 네 이름이 그렇게 싫은데?"
"애들이 나만 보면 '배배배배' 하고 놀려요. 이름이 배민수라고 놀리는 거예요. 그래서 내 이름이 싫어요."
"아, 그래서 민수가 많이 속상했겠구나. 친구들이 놀릴 때 민수는 어떻게 하니?"
나는 민수가 어떻게 대처하는지 궁금했습니다.
"못 들은 척하거나 다른 데로 도망가요."
"다른 데로 도망가면 친구들이 놀리는 걸 멈추니?"
"아니요, '배배배배' 하고 놀리면서 계속 쫓아와요."
민수의 눈은 분노로 이글거렸습니다.
"아, 진짜 속상했겠다!"
민수는 매우 화가 난 표정으로 두 주먹을 꽉 쥐었습니다.
"친구들이 놀리지 않는 방법을 선생님과 함께 생각해 보자!"
민수가 얼굴을 들어 나를 바로 봤습니다.
민수의 눈은 기대감으로 반짝였습니다. 내가 자기 마음을 알아주고 함께 해결하자고 말해 주었기 때문입니다. 민수는 다문화 가정의 아이라서 말투가 어눌하다 보니 친구들이 자주 놀렸습니다.
"친구가 '배배배배' 놀리면 민수가 그 친구를 똑바로 보고 이렇게 말해 볼까?
"'배배배배' 하지 마! 내 이름은 배민수야. 배민수라고 불러 줘!"
민수는 달라진 눈빛으로 내 말을 따라했습니다.
"'배배배배' 하지 마! 내 이름은 배민수야. 배민수라고 불러 줘!"

나는 수업 시간마다 민수와 연극 대사처럼 이 말을 연습했습니다. 계속 연습하다 보니 민수의 표현도 자연스러워졌고, 마음에 근력도 생겼습니다.

어느덧 친구들이 놀릴 때 숨거나 도망가지 않고 맞설 수 있게 되었습니다. 처음으로 민수가 연습한 말을 당당하게 친구들에게 말했다고 했을 때 나도 무척 감격했습니다.

"잘했어. 정말 잘했어!"

나는 민수를 힘껏 칭찬해 주었습니다.

민수는 점점 자기 마음을 잘 표현하게 되었고 속상한 마음에서 벗어날 수 있었습니다. 감정날씨 놀이를 하면, 아이의 감정이 자연스럽게 드러나 치유의 방법을 함께 찾을 수 있습니다.

감정날씨 놀이의 주안점

1. 다양한 주제를 다뤄요.
   : 아이는 한 가지 주제로 오래 이야기하는 것을 어려워해요.
2. 주제를 문장으로 표현해 보아요.
   : 인물, 시간, 장소 등의 핵심 주제로 글쓰기를 하면, 문장 생성의 과정을 자연스럽게 배울 수 있어요.
3. 잘 경청하고 공감하며 이야기에 집중하는 모습을 보여 줘요.
4. 이야기를 들을 때는 훈계, 비난, 비판, 충고를 하지 않아요.
5. 아이의 비밀 이야기를 지켜 주면 신뢰를 얻을 수 있고, 애착 관계가 형성돼요.

04
이미지 프리즘으로
말문 열기

기초학습이 부족한 아이들 네 명과 함께 수업할 때였습니다. 아이들에게 다양한 상황이 담긴 사진들을 보여 주었습니다. 100장의 사진에는 인물, 정물, 풍경, 조각, 식물, 동물 등이 담겨 있었습니다. 책상에 20장 정도 무작위로 펼쳐놓았습니다.

    "얘들아, 사진을 살펴보고, 각자 1장씩 골라 봐. 평소에 관심이 있었던 걸 골라도 되고, 경험한 일과 관련된 걸 골라도 돼."

    그때 동호가 차로 꽉 막힌 도로 사진을 들어 보였습니다.

    "동호야, 그 카드를 왜 골랐는지 이야기해 볼까?"

    "저번 추석에 아빠 집에 가요. 그때 도로에 이렇게 차가 많아서 다 섰어요. 아빠 집에 가면 소가 있어요. 할아버지가 아침에 소에게 밥을 줘요. 엄마도 있고, 형도 있고, 동생도 있어요. 고모도 있고요. 코로나가 끝나면 또 아빠 집에 가고 싶어요."

    나는 동호가 마음에 품은 이야기를 솔직하게 말해 줘서 정말 고마웠습니다. 시제 표현이 잘못되어도, 주제에서 조금 벗어난 이야기여도 지적하지 않았습니다. 우리가 자기 이야기를 경청하고 있다고 느끼게 해 주고 싶었습니다.

    동호는 언제나 가족을 그리워했습니다. 동호의 아버지는 재혼해서 다른 가정을 이루고 있었습니다. 그래서 동호만 아동복지시설에서 살고 있습니다. 동호가 문득 하는 이야기 속에서 자주 아빠에 대한 그리움과 가족과 함께 사는 집에 대한 동경을 느낄 수 있었습니다.

다른 친구들도 동호의 이야기에 고개를 끄덕이며 귀 기울여 주었습니다.

"다들 내 얘기만 듣고 있으니까 이상해요. 주인공이 된 것 같아요."

동호가 웃으며 카드를 내려놓았습니다.

"동호가 어떤 마음이었는지 알 것 같아. 네 경험을 다른 사람에게 잘 설명해 줬어."

동호가 이야기하고 나니까, 다른 친구들도 편안하게 말하기 시작했습니다. 아이들의 목소리가 점점 커졌고, 사진의 상황과 관련된 자기 경험과 감정을 더 풍부하게 표현했습니다.

*

"이 사진 속 사람들의 기분이 어떤 것 같아?"

나는 아이들의 반응을 살폈습니다.

"모르겠어요."

동호가 갸우뚱한 표정으로 말했습니다.

"슬플 것 같아요."

이번엔 민수가 말했습니다.

나는 민수의 대답을 도무지 이해할 수 없었습니다. 내가 보여 준 건 여행복을 입은 다섯 명의 남녀가 파란 하늘을 향해 양손을 높이 들고 펄쩍 뛰어오르는 모습의 사진이었습니다. 그들이 환호하는 표정만 보아도 어떤 기분인지 충분히 알 수 있는 사진이었기 때문에 민수의 대답이 너무 의아했습니다.

'장난인가?'

잠깐 생각도 했지만, 민수의 표정은 진지했습니다.

"모두 일어나 봐. 우리도 이 사진처럼 똑같이 해 보자!"

나는 책걸상을 밀고 아이들에게 사진처럼 팔을 들고 무릎 높이까지 뛰어 보자고 했습니다.

"뛰면서 크게 소리치는 거야, 야호! 하고. 알았지? 셋 하면 뛰는 거야. 하나, 둘, 셋!"

아이들이 "야호!" 하고 외치며, 펄쩍 뛰어올랐습니다.

"하하하." "히히히."

아이들이 웃어 댔습니다.

"뛰어 보니 어떤 기분이 드니?"

"신나요!"

동호가 활짝 웃으며 말했습니다.

"민수야, 사진 속 사람들이 어떤 기분인지 다시 말해 볼래?"

"재미있을 것 같아요. 우리처럼요."

민수의 대답이 달라졌습니다.

스스로 해 보고, 직접 따라 하는 경험이 아이들에게 얼마나 소중한지 다시 한번 느꼈습니다.

*

"저는 돌솥비빔밥이요. 먹어 보고 싶어요. 한 번도 못 먹어 봤어요."

동호가 돌솥비빔밥 사진을 들고 말했습니다.

오색 고명에 달걀프라이가 얹힌 돌솥비빔밥은 보기만 해도 군침이

돌 정도로 맛있어 보였습니다.

"그래? 동호가 그동안 열심히 했으니까 여름 방학식 하는 날에 선생님이 사 줄게. 돌솥비빔밥 먹자!"

그때부터 동호는 여름방학 하는 날을 기다렸습니다.

드디어 방학식 날이 되었습니다. 근처 식당에 가서 돌솥비빔밥과 해물전을 시켰습니다. 동호는 들떠서 음식이 나오기 전까지 식당 안을 계속 둘러 보았습니다.

"이런 데 와서 밥 먹는 거 처음이에요."

동호가 먼저 이야기를 꺼냈습니다. 소풍날처럼 들뜨고 흥분해 있었습니다. 그동안 동호가 방학하는 날을 얼마나 기다리고 기대했는지 알 수 있었습니다. 동호가 계속 웃고, 재잘거렸습니다.

"네가 이렇게 좋아하니까, 선생님도 기분이 좋아."

드디어 주문한 음식이 나왔습니다. 동호가 돌솥비빔밥에 고추장을 넣고 쓱쓱 비볐습니다. 그러고는 한 술 크게 떠서 복스럽게 먹었습니다. 눈 깜짝할 사이에 밥 한 그릇을 뚝딱 비워 버렸습니다.

"선생님, 진짜 맛있어요."

동호의 목소리가 커졌습니다. 남들에게는 일상적인 일인데도 동호는 무척 행복해 보였습니다. 동호가 너무 좋아하는 모습에 나도 함께 웃음이 났습니다.

*

몇 개월이 지난 후, 우연히 아동복지시설에서 아르바이트하는 대학생과 이야기를 하다가 새로운 사실을 알았습니다.

"아동복지시설에서는 밥그릇, 국그릇, 반찬 그릇이 따로 없어요. 식판에 밥을 먹어요."

나는 몸이 얼어붙는 것 같았습니다.

동호는 학교에서도 시설에서도 식판에만 밥을 먹었던 것이었습니다.

'어머, 맞아! 동호는 비빔밥을 먹어본 것처럼 익숙하게 밥을 비벼 먹었었지.'

동호가 돌솥비빔밥을 먹고 싶었던 이유는 돌솥 그릇에 든 음식을 먹어 보고 싶어서였다는 것을 그제야 알았습니다. 그때, 나는 동호의 마음을 헤아렸다고 생각했었는데, 이제 보니 나는 동호의 진짜 마음을 잘 몰랐던 것입니다.

'더 많이 물어보고, 더 많은 이야기를 나눌걸….'

한 사람의 마음을 제대로 이해한다는 건 참 어려운 일입니다. 특히 어휘를 단순하게 쓰고, 표현이 풍부하지 않은 아이의 말을 듣고 그 아이의 마음을 헤아린다는 건 결코 쉬운 일이 아닙니다.

05
느린 학습자

"사회 시간이에요. 모둠별로 모이세요."

학습성취수준이 다른 아이들로 다섯 명씩 모둠을 만들었습니다. 그러다 보면 하진이와 같은 느린 학습자가 포함된 모둠이 생깁니다.

"각각 하나씩 역할을 맡은 다음, 같이 문제를 해결해야 해. 협동심이 돋보이는 모둠에게는 선물 교환권도 있다는 거 알지?"

나는 지영이에게 하진이를 잘 챙기라고 부탁했습니다. 지영이는 학습성취수준이 '상'이라서 문제를 잘 이해하고, 배려심도 많은 아이였기 때문입니다.

"네! 선생님. 하진아, 우리 같이하자!"

지영이는 하진이에게 문제를 알려주면서 역할을 어떻게 나눌 건지도 천천히 설명했습니다. 하지만 문제 해결에 집중할수록 지영이는 하진이를 챙기는 걸 잊어버렸고, 다른 아이들도 하진이가 무얼 하는지 관심을 가지지 않았습니다. 결국, 하진이는 아무 것도 하지 않은 채 아이들 등 뒤에서 쭈뼛거리게 되었습니다.

"하진이도 잘하고 있지?"

나는 지영이가 너무 민망하지 않게 슬쩍 끼어들어 하진이를 다시 모둠 안으로 밀어 넣어 주었습니다.

"하진아, 지금 우리 이거 하고 있는데…."

지영이는 자신이 잠시 하진이를 잊었다는 것을 깨닫고, 하진이에게 작은 역할 하나를 맡기고 잘 설명해 주었습니다.

모둠의 아이들이 하진이를 잊었다고 나무랄 수는 없습니다. 모둠 과제에 몰두하다 보면 선생님이 특별히 부탁한 친구라도 끝까지 챙기기 어려울 수밖에 없습니다. 어른들에게도 다른 사람을 챙기는 것은 벅찬 일입니다.

사실 지영이와 모둠 친구들은 착한 아이들입니다. 일부러 하진이를 소외시키는 것이 아니었습니다. 하지만 때때로 영악한 아이들은 일부러 따돌리기도 합니다. 너 때문에 우리만 늦는다고, 너한테 설명하다 더 늦으니까 그냥 가만히 있으라고 하기도 합니다. 아무것도 하지 말라고 윽박지르는 일도 있습니다. 한 아이가 그런 행동을 할 때 다른 모둠원이 못 본 체하거나 동조하면 가해 행위의 수위는 점점 높아집니다.

이때 피해자가 된 아이가 도피적인 성향이라면 우울함과 수치심을 느끼며 계속 가만히 있습니다. 가해자가 지나친 요구를 해도 저항하지 못하고 따릅니다. 반면, 공격적인 성향의 아이가 그런 일을 당하면, 분노를 마구 표출합니다. 친구들을 때리고 위협하거나, 화를 참지 못해 고함을 지르기도 합니다. 그러면 교실은 엉망이 됩니다.

"하진아, 같이하자!"

하진이와 같은 아이들이 가장 좋아하는 말입니다. 느린 학습자도 배울 수 있습니다. 말 그대로 느릴 뿐입니다. 우리는 교실 안에서 서로 다른 학습성취수준과 다양한 성향의 아이들을 가르칩니다.

아이들이 배워야 할 것은 글자나 지식만이 아닙니다. 나와 다른 아이를 인정하고 배려하며 함께 하는 방법을 먼저 배워야 합니다.

06
글자를 모르는
3~4학년 아이

- 학교 산책하기
- 체험학습으로 문장 만들기
- 관찰학습 기록하기

학교 산책하기

동호는 3학년이 되어서도 한글을 읽고 쓰지 못했습니다. 다행히 동호는 나와 함께 하는 국어 수업을 무척 좋아했습니다. 나를 따르는 게 다행이다 싶으면서도, 가족과 떨어져 지내는 아이의 외로움이 느껴져 마음이 아프기도 했습니다.

"동호야, 산책하자."

학교 중앙현관 꽃밭에는 늘 꽃이 풍성했습니다. 봄에는 튤립, 수선화가 피었고, 여름에는 백합, 수국, 봉숭아, 은방울 등이, 가을에는 국화가, 겨울에는 하얀 눈꽃이 피었습니다.

그리고 학교 건물을 둘러싼 꽃밭에는 30가지 이상의 식물이 있어 철마다 아름다운 꽃과 나무가 무성했습니다. 이밖에도 학교에는 5학년 실과 교육을 위해 아이들이 나무 상자에 키우는 생태 식물도 60개나 있었습니다. 어린 농부들이 아침저녁으로 물을 주고, 벌레를 잡아 주면서 부지런히 식물을 길렀습니다. 봄에는 오이, 고추, 가지, 땅콩, 상추를, 가을에는 무, 배추를 심어 길렀습니다.

이런 학교 환경 덕분에 동호와 나는 교실 밖으로 나가 산책만 해도 다양한 것을 관찰할 수 있었고, 자연스럽게 이야깃거리를 얻을 수 있었습니다.

우리는 공부할 것을 미리 정하지 않았습니다. 교정으로 나가서 동호가 관심을 두는 것을 그날의 학습목표로 삼았습니다. 동호의 관심이 머무는 곳에 나도 발걸음을 멈추고 함께 자세히 바라보았습니다. 그리고 동호가 말을 꺼낼 때까지 기다렸습니다.

처음에는 동호가 이런 활동을 매우 어색해했습니다. 가끔 말을 해도 횡설수설했고, 고개를 숙인 채 어깨를 움츠리고 있었습니다. 무엇을 자세히 보지도 않고 흘깃거렸으며, 나와 멀리 떨어져 건들거리며 걸었습니다. 그래도 나는 언젠가는 우리가 서로 가까워질 거라고 믿고 활동을 이어갔습니다.

매일 똑같은 활동을 하면 지루할 것 같지만, 그렇지 않았습니다. 어느 날은 어제까지 봉오리만 있던 꽃이 활짝 피어 우리를 기쁘게 했습니다. 또 어느 날은 까만 새털만 운동장에 널브러져 있어 새가 어떻게 되었을까 같이 걱정하기도 했습니다.

"선생님, 저기 다람쥐예요!"
"그래? 어디, 어디? 어머, 다람쥐가 나무를 타고 올라가네!"
"귀여워요."
"그래, 동호야. 다람쥐가 정말 귀엽다!"

시간이 필요할 때가 있습니다. 한 사람의 마음을 열 때는 조바심을 내려놓고 내 속도가 아니라 상대의 속도에 맞춰야 합니다. 그러다가 아이가 반응을 보이면 아이에게 다가가 공감해 주는 게 정말 중요합니다.

체험학습으로 문장 만들기

　동호가 산책길에서 오이를 눈여겨본 날이었습니다. 오이는 5학년 학생들이 정성스럽게 키워 놓은 작물입니다. 우리는 오이를 한참 관찰한 후에 오이의 열매, 이파리, 넝쿨손, 오이꽃을 각각 하나씩 땄습니다.
　"오이가 따가워요."
　동호가 오이를 딸 때 가시에 손끝을 찔렸나 봅니다. 오이가 따가울 줄은 몰랐다는 듯 어리둥절한 표정이었습니다. 손을 살펴보니 다행히 가시가 피부에 박히지는 않았습니다.
　우리는 교실로 들어가 동호가 한 말을 글자로 옮겨 보기로 했습니다.
　'오이가 따가워요.'
　동호는 또박또박 큰 글씨로 문장을 따라 썼습니다. 글 쓰는 걸 싫어하는 아이였는데, 자기가 경험한 걸 쓰는 것은 즐거워했습니다. 단 한 문장이었지만, 자기가 주인공이 되어 경험한 일이었기 때문입니다.
　그날 '한 문장 쓰기'는 동호에게 매우 특별한 일이었습니다. 동호의 표정도 사뭇 진지했습니다. 경험이 배움이 되는 순간이었기 때문입니다. 동호는 이제 '오이'와 '따갑다'를 알게 되었습니다. 그리고 글자가 그냥 기호가 아니라, 자기의 경험과 느낌을 생동감 있게 표현하는 도구라는 것도 처음 알게 되었습니다.
　"오이를 누구에게 나눠 줄까?"
　"통합지원반 선생님에게 줄래요."

동호는 입말로도 '주다'와 '드리다'를 구별해 쓰지 못했습니다.
"어른에게는 '준다'고 하는 게 아니고, '드린다'고 하는 거야."
"통합지원반 선생님에게 드릴래요."
동호가 높임말로 다시 문장을 바꾸어 말했습니다.
그리고 어른에게 드릴 때는 두 손으로 공손하게 드리는 것이 예의라고 알려 주었습니다.
"선생님, 오이 드세요!"
동호가 나와 통합지원반 선생님에게 두 손으로 공손히 오이 한 토막씩을 내밀었습니다.
"그래, 참 잘했어."
우리는 함께 앉아 오이를 나누어 먹었습니다. 바로 따서 그런지 정말 아삭하고 신선했습니다.
"오이가 맛있어요."
우리는 '오이가 맛있어요'라는 문장도 공책에 쓰고 소리 내어 읽었습니다. 동호의 얼굴에 생기가 돌았습니다. 그날 오이를 따고, 씻고, 자르고, 함께 나눈 모든 과정과 "오이가 따가워요, 오이가 맛있어요"라고 말했던 모든 것이 동호에게 배움이 되었습니다. 자기가 말한 것을 글로 써보는 것도 처음 경험했습니다. 학교 학습에서 한 번도 자기 속도에 맞춘 수업을 경험한 적이 없던 동호에게는 무척 소중한 시간이었을 것입니다.
일반적인 3학년의 발달과정에 맞춘 학습이 아니라, '오이가 따갑다, 오이가 맛있다'와 같은 문장을 배우면서 동호가 중심인 체험학습을 시작했습니다.

관찰학습 기록하기

동호는 무엇을 보든지 자세히 보지 않았습니다. 건성 보니까 사물의 특징을 잘 기억하지 못했고, 깊이 생각하지도 않았습니다. 그러다 보니 자기 생각이나 기억에 확신이 없어서 다른 사람의 생각과 판단에 의존하곤 했습니다. 때로는 다른 사람이 함부로 자신의 일에 개입해도 불쾌함조차 느끼지 못하고 당연하게 받아들였습니다.

"동호야, 우리가 오이를 관찰하고 함께 먹었잖아? 네가 본 오이에 관해 말할 수 있을까?"

"오이….",

동호는 무엇부터 어떻게 말해야 할지 몰라 말을 잇지 못했습니다.

나는 '누가, 언제, 어디서, 무엇을, 어떻게, 왜'의 질문을 하나씩 던져 동호가 겪은 일을 정리할 수 있게 도와주었습니다. 한꺼번에 다 대답하는 건 어려웠지만, 하나씩 답하니까 내용을 정리할 수 있었습니다.

"나는 아침에 선생님과 산책을 했다. 생태 학습장에서 오이 한 개를 땄다. 선생님과 나누어 먹었다. 참 맛있었다. 글씨도 썼다."

동호의 경험이 입말로 정리되어 하나의 이야기가 되었습니다.

*

이번에는 그림을 그리기로 했습니다. 동호는 아침에 관찰한 오이의 열매, 이파리, 넝쿨손, 오이꽃을 크레파스로 그렸습니다. 그림과 글은 공통점이 있습니다. 자세히 관찰하거나 깊이 생각해야 표현할 수 있다는 것입니다. 건성으로 보아 넘기면 그림이든 글이든 표현하기가 어렵습니다.

  건성으로 사물을 보아 넘기는 버릇이 있던 동호는 그리기를 매우 어려워했습니다. 그림을 그리는 것도 글씨를 쓸 때만큼이나 훈련이 필요합니다. 동호는 연필 잡는 손의 소근육이 거의 발달하지 않아서 오이의 기다란 형태를 그리기조차 어려워했습니다. 이마와 코에 땀이 송글송글 맺혔습니다. 그런데도 오이는 길쭉한 타원이 되지 못하고 여주 열매처럼 삼각형 모양이 되었습니다.

  "동호야, 잘 그렸어. 끝까지 완성했네!"

  나는 동호를 칭찬했습니다.

  "창피해요."

  동호는 오이가 오이처럼 보이지 않는다면서, 공책을 자꾸 덮었습니다.

  "그림 안 그리고 싶어요."

  동호의 속상한 마음은 이해할 수 있었지만, 단 한 번 시도해 보고 쉽게 포기하는 태도가 마음에 걸렸습니다.

  "동호가 오이 그림을 그릴 때 힘들었구나. 그런데 처음부터 잘 그리는 사람은 없어. 무엇이든 노력이 필요한 거야. 지금부터 노력하면 동호도 잘할 수 있어. 포기하지 말고 다시 해 보자. 그리면서 어려운 게 있으면 선생님한테 도와달라고 해."

  나는 동호의 감정을 읽어 주었지만, 쉽게 포기하는 것은 안 된다고도 말해 주었습니다. 우리는 아이들이 계속 도전할 수 있도록 지도해야 합니다.

"선생님, 이파리가 하트 모양이 아니에요."

오이 잎을 그리면서 동호가 내 눈치를 살폈습니다.

"도와줄까?"

동호가 고개를 끄덕였습니다.

한 고개씩 넘는 심정으로 오이의 열매, 잎, 넝쿨손, 오이꽃까지 모두 그렸습니다. 오이 열매의 그림 옆에는 '오이', 잎사귀의 그림 옆에는 '잎', 넝쿨손의 그림 옆에는 '손', 오이꽃의 그림 옆에는 '꽃'이라고 써서 단순화한 낱말을 지도했습니다. 그리고 그림을 그린 다음에는 그림을 보면서 문장을 만들어 보았습니다.

- 오이는 길쭉하다.
- 오이는 가시가 많다.
- 오이는 맛있다.
- 이파리는 하트 모양이다.
- 가시는 따갑다.
- 꽃은 노란색이다.
- 꽃 모양이 별 같다.
- 넝쿨손은 라면 같다.
- 넝쿨손은 꼬불거린다.

동호가 아는 단어를 활용해 만든 문장들입니다. 동호는 아는 단어가 많지 않아서 문장으로 표현하기 위해 무척 노력해야 했습니다. 이런 과정을 통해 생각하는 근육이 자라납니다.

오이에 대한 관찰과 체험을 통한 글쓰기가 '관찰 기록'으로 남았습니다. 산책부터 시작한 활동이 동호의 잠재력을 깨웠고, 의욕을 일으켰습니다. 지금까지 보이던 무기력한 모습을 버리고 한 가지씩 시도하면서 성장과 발전을 거듭해 나갔습니다.

동호가 해마다 5월이 오면 싱그런 바람 속에서 보았던 노란 별 모양의 오이꽃과 풋풋한 오이 열매, 그리고 곁에 있었던 선생님을 떠올리지 않을까 생각해 봅니다.

07
생활 속에서 자료 찾기

■ 생활 속 학습자료
■ 단어 연결해 문장 만들기

생활 속 학습자료

동호는 처음부터 책을 뚫어지게 보았습니다. 모르는 사람이 보면 동호가 정말 내용에 푹 빠져 있는 줄 알 정도로 말입니다. 사실 동호는 글자를 전혀 모르는데 책을 보는 흉내를 내고 있었던 겁니다.

'그림으로 시작하자!'

그림은 문자보다 앞선 표현의 수단입니다. 고대 동굴 벽화에도 자기를 둘러싼 환경, 이를테면 동물이나 사람이 그려져 있으니 말입니다. 그림은 전달하고자 하는 내용을 직관적으로 파악할 수 있는 자료이기도 합니다.

"핫초코 좋아하니?"

늦가을 날씨가 쌀쌀해서 동호에게 핫초코를 타 주었습니다.

"아주 맛있어요!"

동호는 핫초코를 마시는 국어 시간을 아주 좋아했습니다.

"동호야, 핫초코를 먹으려면 뭐가 필요하지?"

"핫초코, 숟가락, 우유, 물, 커피포트, 컵이요."

내가 핫초코를 타는 것을 며칠이나 지켜본 동호가 자신 있게 말했습니다.

"그럼, 우리 준비물을 모아 볼까?"

나는 여섯 가지 준비물을 휴대전화로 찍어서 인쇄한 후에 동호에게 주었습니다. 동호는 각 사물을 예쁘게 찢어서 공책에 붙였습니다.

'찢어 붙이기'는 미술 시간에 배우는 표현 기법의 하나입니다. 손끝으로 종이를 찢어서 붙이면 '오려 붙이기'보다는 정교하지 않지만 내가 주도권을 가지고 마음대로 찢고 붙이면 성취감도 크게 느끼고, 스트레스도 해소됩니다.

"선생님, 이렇게 만들면 되나요?"

"와, 멋지다!"

사진 끝의 투박한 처리가 오히려 멋을 풍깁니다. '찢어 붙이기'의 완성작은 수제 느낌이 강해서 잘하지 못해도 예술적으로 보입니다. 아이들도 자기가 만든 작품이 멋스러우면 만족감과 자부심을 느낍니다.

국어 수업을 미술 수업과 통합하면 신기하게도 아이들의 굳은 관절과 근육이 이완됩니다. 호흡이 안정되고 평안해집니다. 그러면 뇌도 학습을 받아들일 수 있는 최적의 상태가 됩니다.

〈 생활 속 친숙한 사물을 학습자료로 활용하기 〉

1단계. 그림을 찢어 공책에 붙이고 사물의 명칭 읽기

'핫초코, 우유, 물, 숟가락, 커피포트, 컵'의 사진을 인쇄해서 한 가지씩 찢어 공책에 붙입니다. 그리고 여섯 색깔의 크레파스를 골라 사진마다 테두리를 그려 구별합니다. 사물에 해당하는 명칭을 말해 봅니다. 어려운 낱말이나 외래어는 발음을 정확하게 할 수 있게 입 모양을 알려 줍니다. 사물의 그림을 보고 사물의 명칭을 짝지어 읽어 보게 합니다.

2단계. 입말을 글말로 옮기기

아이가 사물의 명칭을 잘 읽으면, 이제 아이가 읽은 것을 글로 옮기도록 합니다. 나는 동호의 오른쪽 옆자리에서 종이를 펼치고 앉았습니다. 그리고 차근차근 쓰는 순서와 방법을 알려줍니다. 내가 먼저 큰 글씨로 또박또박 정확하게 쓰는 시범을 보이고, 아이가 자신의 종이에 한 획씩 따라 적게 합니다. 여러 색깔을 이용해 글씨를 쓰게 하면 기억하는 데 도움이 됩니다.

3단계. 문장 만들기

처음에는 '핫초코, 우유, 물, 숟가락, 커피포트, 컵'의 단어 중에서 하나만 들어간 문장을 만듭니다. 그다음에는 두 개의 단어가 들어간 문장을 만듭니다. 그런 식으로 점차 여러 단어를 연결해 자연스럽게 말하는 연습을 합니다. 핫초코를 타 먹었던 경험을 바탕으로 문장을 만들었기 때문에 동호도 즐겁게 수업에 참여했습니다.

단어 연결해 문장 만들기

한 단어
- 핫초코 - 핫초코가 좋아요.
  - 핫초코가 달아요.
  - 핫초코는 뜨거워요.

두 단어
- 핫초코+물 - 핫초코를 물에 타요.
  - 찬물에는 핫초코가 안 녹아요.
- 물+커피포트 - 물을 커피포트에 넣고 끓여요.
- 핫초코+우유 - 핫초코에 우유를 넣으면 맛있어요.
  - 핫초코에 우유를 넣으면 초코우유예요.

세 단어
- 물+핫초코+숟가락
  - 뜨거운 물에 핫초코를 넣고 숟가락으로 저어요.
- 컵+우유+숟가락
  - 컵에 우유를 넣고 숟가락으로 저어요.

네 단어

- 커피포트+물+핫초코+숟가락
  - 커피포트에 끓인 물에 핫초코를 넣고 숟가락으로 저어요.

다섯 단어

- 컵+물+핫초코+숟가락+우유
  - 컵에 뜨거운 물과 핫초코를 넣고 숟가락으로 저은 후 우유를 넣어요.

  어른에게는 당연해 보이는 것들도 아이에게는 생소한 경우가 많습니다. 어쩌면 아이들에게 핫초코와 커피포트가 관련 없는 사물처럼 보일 수도 있습니다. 나는 동호가 핫초코와 커피포트의 관계를 실제적인 경험으로 배우게 하고 싶었습니다. 뇌의 신경세포와 시냅스는 단순 암기한 지식은 쉽게 잊지만, 경험을 통해 얻은 지식은 오래 기억하기 때문입니다.

  핫초코의 가루는 찬물에 녹지 않기 때문에 뜨거운 물이 필요합니다. 물을 뜨겁게 하기 위해서는 커피포트를 사용해야 합니다. 나는 동호에게 커피포트를 직접 사용하게 하고 싶어서 천천히 설명해 줬습니다.

  "동호야, 커피포트에 찬물을 넣고 버튼을 눌러 볼까?"

  동호는 실수하지 않으려고 신중하게 행동했습니다.

  "커피포트 안에서 보글거리는 소리가 나다가 커피포트 입구에서 수증기가 올라올 거야."

  "선생님, 연기가 나와요!"

  동호는 조금 흥분했습니다.

  "물이 끓어서 기체가 된 건 수증기라고 해."

"수증기, 수증기….”
동호는 수증기를 여러 번 반복해서 말했습니다.
"딸깍!"
커피포트 버튼이 소리를 내면서 원래 위치로 돌아왔습니다.
"딸깍 소리가 나면서 버튼이 원래대로 돌아오는 게 물이 뜨거워졌다는 신호야."
동호가 힘차게 고개를 끄덕였습니다.
커피포트의 손잡이를 잘 잡고, 핫초코가 들어 있는 컵에 알맞은 양의 물을 붓도록 했습니다. 그리고 숟가락으로 조심스럽게 저어 보게 했습니다.
"우유도 넣어 볼까? 선생님은 우유를 넣는 걸 좋아해. 영양도 더하고, 맛도 더 좋아지거든."
동호가 다양한 맛을 경험하면 좋을 것 같았습니다.
내가 핫초코에 우유를 넣어 주었고, 동호는 핫초코를 숟가락으로 저었습니다. 핫초코는 초코우유가 되었습니다.
우리는 주변을 잘 정리하고 식탁에 앉아 초코우유를 함께 마셨습니다. 동호와 핫초코를 만들고, 우유를 넣어 초코우유를 만드는 과정을 매일 아침 함께했습니다. 여러 번의 연습으로 동호가 혼자서도 할 수 있을 정도가 되었습니다.
아이가 경험을 통해 배우는 것은 앞으로 새로운 것을 배워 나가는 데 큰 도움이 됩니다. 지식만 전달하는 것보다 오감을 통해 배우게 하면 배움이 몸 깊숙이 스며들어 오래 기억됩니다. 또 새로운 것을 배울 때도 그러한 경험이 바탕이 되어 어떤 일의 의미를 이해할 수 있습니다.
이후 동호의 문장 만들기는 이때의 경험을 바탕으로 이루어졌습니다. 단어를 선정하고 단어를 이어 문장을 만드는 데 좋은 예시를 만든 것입니다. 동호가 했던 행동의 순서를 생각하며 문장을 만들게 했습니다. 이때 문장이 길어져도, 문법에 맞지 않아도 지적하지 않았습니다. 여러 단어로 말을 만드는 재미를 느끼는 데 중점을 두었습니다.

"동호는 초코우유를 마셔요."

동호는 홀짝홀짝 소리 내며 혼자서도 문장을 만들곤 했습니다.

경험이 입말로, 입말이 글말이 되면서 동호는 글자와 점점 가까워졌습니다.

08
유창하게 읽기까지

■ 국어 교과서 활용하기
■ 글씨의 시각화
■ 정보 검색하기
■ 다양한 관계와 호칭
■ 시청각 자료 활용하기
■ 첫 질문
■ 색으로 줄 바꿈 돕기

국어 교과서 활용하기

　아무도 동호가 학습적으로 크게 성장할 거라고 기대하지 않았습니다. 동호는 아기 때부터 부모와도 떨어져 살았고, 3학년이 될 때까지 글자도 읽지 못했기 때문입니다. 동호를 둘러싼 환경은 동호가 공부를 못 하는 것을 당연한 것으로 여기게 했습니다.

　다행히 4학년이 된 동호는 나와 함께한 1년간의 학습을 통해 어느덧 글 읽을 준비가 되어 있었습니다. 아직 난독증 해당군에 속해 있었고 느린 학습자였지만, 이제 낱글자는 읽을 수 있었습니다. 동호는 한 글자씩 읽는 재미에 빠졌습니다.

　동호에게 가장 알맞은 텍스트가 무엇일지 많이 고민했습니다. 동호의 문해력을 기를 교재를 찾기 위해서 말입니다.

- 전문가가 쓴 텍스트인가?
- 알맞은 어휘와 내용인가?
- 단어, 문장, 문단이 잘 표현된 구조적인 글인가?
- 의미 중심으로 이해할 수 있는 내용인가?
- 반복해도 좋을 만큼 재미있고 모범적인 내용인가?

　이런 기준으로 텍스트를 찾다 보니 1학년 국어 교과서가 안성맞춤이라는 결론을 얻었습니다. 동호는 4학년이지만, 1학년 2학기 국어 교과서에 나오는 「콩 한 알과 송아지」를 텍스트로 선정했습니다.

> ## 콩 한 알과 송아지
>
> 옛날 어느 동네에 어여쁜 딸을 셋이나 둔 아버지가 있었어요.
> 하루는 아버지가 딸 셋을 한자리에 불러 말했어요.
> "이제 너희도 컸으니, 내년 할아버지 생신 선물을 준비해 보아라."
> 그러고는 콩 한 알씩을 나눠 주었어요.

교과서 내용을 재구성해 동호가 도전해 볼 만한 분량으로 나누어 준비했습니다. 동호에게는 교과서의 글씨 크기가 작고 문장이 길었습니다. 동호는 난독증 증상도 있었기 때문에 글씨에 대한 두려움이 컸습니다. 그래서 글씨 크기도 키우고, 문장도 짧게 만들었습니다.

A4 용지를 가로 방향으로 놓고 이야기를 배열했습니다. 한 문장을 한 줄로 배열하기 위해서입니다. 양쪽 눈의 협응 훈련이 안 된 아이들은 줄이 바뀔 때 상당한 부담감을 느낍니다. 한 줄로 된 문장은 한눈에 볼 수 있어 내용 이해와 읽기 훈련에 도움을 줍니다. 글자 크기도 40포인트로 크게 하여 글의 형태를 쉽게 구별할 수 있게 했습니다.

"읽을 수 있겠니?"

"네."

동호가 고개를 끄덕이며 대답했습니다.

충분히 읽기 연습이 된 후에 교과서를 들고 당당히 읽는 동호의 모습이 벌써부터 기대가 됐습니다.

글씨의 시각화

「콩 한 알과 송아지」를 4가지 방법으로 인쇄했습니다.
1. 40포인트, 휴먼명조체, 문장별로 색을 구분한 인쇄물
2. 40포인트, 휴먼명조체, 검정색 인쇄물
3. 25포인트, 휴먼명조체, 검정색 인쇄물
4. 12포인트, 휴먼명조체, 검정색 인쇄물

4가지 인쇄물을 책상 위에 올려놓고 동호에게 선택해 보라고 했습니다. 동호는 1초의 망설임도 없이 첫 번째 인쇄물을 골랐습니다. 동호의 심리적 불안감을 줄여 주고 안정감을 높여 주는 텍스트였기 때문입니다.

콩 한 알과 송아지

옛날 어느 동네에 어여쁜 딸을 셋이나 둔 아버지가 있었어요.
하루는 아버지가 딸 셋을 한자리에 불러 말했어요.
"이제 너희도 컸으니, 내년 할아버지 생신 선물을 준비해 보아라."
그러고는 콩 한 알씩을 나눠 주었어요.

글을 잘 읽지 못하는 아이들은 글자 자체를 두려워합니다. 교과서의 경우 대부분 글씨가 작고, 글밥이 빽빽하게 들어차 있습니다. 이때 읽기가 두려운 아이는 한 장 안에 있는 글씨가 큰 덩어리로 뭉쳐 보이는 착시를 겪기도 합니다. 이럴 때는 색깔로 문장을 구별하여 주면 좋습니다.

이러한 텍스트는 앞의 예시문처럼 계단을 올라가듯이, 검정 글자를 읽다가 주황색 글자를 읽다가 다시 검정색 글자를 읽는 방식으로 문장을 읽게 됩니다. 색깔의 도움을 받으면서 문장을 읽으면 흥미도 유지되고 자신감도 생깁니다.

아이의 발달과정에 알맞은 학습 목표와 자료가 제시된다면 학습에서 무력감을 느끼거나 낙오되는 아이는 현저히 줄어들 것입니다. 나는 동호에게 적합한 과제, 도전할 만한 과제를 주려고 노력했습니다. 동호가 작은 성공들을 자주 경험해서 무력감에서 벗어나고 무엇이든 할 수 있다는 자신감을 얻길 바랐습니다.

정보 검색하기

　학습에서 글자를 읽게 되는 것은 아주 중요한 일입니다. 하지만 의미를 모른 채 글을 읽는 습관이 생기지 않도록 조심해야 합니다. 전체 내용상의 흐름으로 내용의 감은 잡지만 중요한 뜻을 놓치면, 의미를 잘못 이해하는 경우도 생깁니다.
　"동호야, '어여쁘다'가 무슨 뜻인 것 같니?"
　동호와 읽기 수업을 하다가 '어여쁘다'가 예스러운 말이라 질문해 보았습니다.
　"안 예쁘다?"
　나는 내심 정답을 기대했다가, 무방비 상태에서 뜻밖의 대답을 듣고 놀랐습니다.
　사실 요즘 '어여쁘다'라는 말은 어른들도 자주 쓰지는 않습니다. 아이들에게는 더 어려울 테니, 동호의 어휘 수준에서는 이렇게 반대 의미로 이해할 수도 있다는 걸 알게 되었습니다.
　나는 이참에 인터넷을 활용하여 어려운 낱말을 찾는 방법을 알려주었습니다. 그리고 동호와 함께 '어여쁘다'를 찾아보았습니다. 사전에는 '예쁘다를 예스럽게 이르는 말'이라고 적혀 있습니다.
　"우리 전에 학교 정원을 산책하다가 동호가 분꽃이 예쁘다고 했었는데 기억나?"
　"네."

동호가 고개를 끄덕였습니다.

"옛날에는 '예쁘다'라는 말만큼 '어여쁘다'도 많이 사용했어. 지금은 많이 사용하지 않지만, 같은 뜻이야."

동호는 이제 '어여쁘다'의 정확한 의미를 알게 되었습니다.

"잘 모르는 단어가 나오면, 사전을 찾아서 정확한 뜻을 익히고 기억해야 해."

사전을 찾는 방법도 동호에게는 쉽지 않았습니다. 그래서 우리가 읽은 이야기 중에서 어려운 단어를 골라 사전 찾기를 반복했습니다.

나는 동호가 하나의 단어를 배우는 것도 중요하지만, 스스로 무언가를 궁금해하고 찾아보기를 바랐습니다.

다양한 관계와 호칭

하루는 교과서를 읽다가 '아버지'라는 단어가 나왔습니다.
"동호야, 아버지를 다른 말로 뭐라고 하지?"
"할아버지."
나는 머리를 한 방 얻어맞은 것 같았습니다.
"동호야, '아빠' 알지? 아빠를 '아버지'라고도 해. 선생님도 어렸을 때 '아빠'를 '아버지'라고 불렀어. 동호는 '아빠'라고 부르지?"
"네."
나는 인터넷에서 삼대가 다정하게 찍은 가족사진을 찾아 인쇄했습니다. 그리고 동호에게 공책에 붙여서 관계에 맞는 호칭을 적게 했습니다. 제일 나이가 많은 사람에게 '할아버지', 그다음으로 나이가 많은 사람에게 '아버지' 그리고 가장 나이가 적은 아이에게 '나'라고 쓰라고 했습니다. 그런 다음 그림의 이미지를 동호의 가계도에 적용해 보도록 했습니다.

뜻밖에도 동호는 '나'와 '아버지'라고 쓰인 글씨 옆에 괄호를 그리고 자기 이름과 아버지 이름을 썼습니다. 다 적은 후에 연필을 내려놓고는 한참을 흐뭇하게 봤습니다.

동호는 아기 때부터 가족과 떨어져 아동복지시설에서 살아서 가족 관계에 대한 호칭을 잘 몰랐습니다. 많이 쓰는 '이모, 삼촌, 작은아빠, 고모'와 같은 말들도 말입니다. 동호가 쓰는 호칭은 '원장 아버지', 호

실마다 돌봄을 해 주시는 '엄마'였습니다.

엄마라는 단어는 '사랑, 돌봄, 보호, 따뜻함' 등의 이미지를 연상시킵니다. 하지만, '엄마'라고 불리는 분들이 자주 이직하기 때문에, 시설의 아동들은 엄마라는 단어에서 이런 이미지를 떠올리기 힘듭니다. 자고 일어나니까 엄마가 없거나, 학교에 다녀왔더니 새로운 엄마가 생기는 일도 있습니다. 애착을 느끼던 양육자와 갑자기 헤어지고 새로운 양육자가 생기는 과정이 반복되다 보면 아이들은 애착 손상을 깊게 입습니다.

나는 동호에게 진정한 가족이 생겨 안정적인 애착 관계가 생기길 바랐습니다.

시청각 자료 활용하기

"동호야, 콩 한 알로 송아지를 살 수 있대!"
"…."

동호는 비약적인 이야기 전개를 정확히 이해하는 것 같지 않았습니다. 콩 한 알과 송아지의 이야기는 어처구니가 없을 정도로 비약된 이야기였기 때문입니다. 시각적인 자료가 필요했습니다.

인터넷으로 검색해서 「콩 한 알과 송아지」 이야기에 대한 그림 자료를 얻었습니다. 허무맹랑한 이야기지만 그림이 있으니까, 오히려 사실적으로 느껴졌습니다.

콩 한 알로 송아지를 사는 이야기의 흐름은 다음과 같습니다.

> 어여쁜 셋째 딸이 콩 한 알을 미끼로 삼아 산에서 꿩을 잡았어요. 그 꿩을 시장에 가서 병아리 한 쌍으로 바꾸었지요. 병아리 한 쌍을 닭으로 키웠어요. 그 닭은 달걀을 많이 낳았어요. 닭이 달걀을 잘 품어서 병아리를 많이 깠지요. 그리고 그 병아리들은 무럭무럭 자라 어미 닭이 되었어요. 이런 과정을 여러 번 하자, 셋째 딸에게는 닭이 무척 많아졌어요. 셋째 딸은 닭들을 모두 팔아 송아지를 사게 되었어요. 그 송아지를 할아버지의 생신 선물로 드려 효도했어요.

장면별로 그림을 찾아 붙였습니다. 그림을 연결했더니 콩 한 알이 송아지로 둔갑하는 그럴싸하고 흥미진진한 이야기가 되었습니다.

그런데 인터넷에 올라온 자료는 한 장면을 집중적으로 부각해 보여 주는 부분이 많았습니다. 모양은 알 수 있지만, 크기를 가늠하기 어려웠습니다. 자칫하다가는 정보를 잘못 인식할 수 있습니다.

좋은 시각자료는 되도록 전체 모습이 담겨야 하고, 주위 사물을 통해 대략의 크기를 짐작할 수 있어야 합니다. 예를 들어, 콩 한 알을 손바닥 위에 올려놓고 사진을 찍으면, 콩 한 알이 얼마나 작은지 손바닥 크기를 통해 가늠할 수 있으므로 좋은 자료로 활용될 수 있습니다.

첫 질문

"선생님, 함박웃음이 뭐예요?"

"어머나, 동호야! 질문해 줘서 고마워. 함박꽃처럼 크게 웃는 거야. 정확한 뜻을 알려면 사전을 찾아보는 게 좋아."

우리는 인터넷 국어사전에 '함박웃음'을 쳐 보았습니다. '크고 환하게 웃는 웃음'이라고 되어 있었습니다.

"이번에는 이미지를 찾아보자!"

나는 동호에게 이미지 찾기도 가르쳐 주었습니다.

인터넷 검색창에 함박웃음의 뜻을 쓰고 난 다음, '이미지' 아이콘을 누르면 다양한 그림이나 사진들이 모니터에 가득 나타납니다. 우리는 그중에서 목젖까지 드러나게 환하게 웃는 남자아이의 이미지를 골라 인쇄했습니다.

"우리 학교 화단에도 함박꽃이 있잖아! 저렇게 크고 환한 꽃처럼 웃는다는 거지."

동호는 함박꽃을 쳐다보고는 웃었습니다.

"동호는 이 아이처럼 함박웃음을 웃어 본 적 있니?"

"네, 텔레비전에서 〈짱구〉를 볼 때요."

"그렇구나. 우리도 이 사진만큼 입을 크게 벌리고 웃어 볼까?"

우리는 시합이라도 하듯이 입을 크게 벌리고 웃었습니다. 한참 웃고 나니까 나도 속이 뻥 뚫린 것처럼 시원했습니다.

"나는 짱구를 보다가 함박웃음을 지어요."
동호가 자기 경험과 함박웃음을 연결해서 문장을 만들었습니다.

색으로 줄 바꿈 돕기

책을 왼쪽에서 오른쪽으로 읽다가 줄 바꿈을 하여 다시 왼쪽으로 올 때, 눈의 협응이 잘 이뤄지지 않은 아이들은 이어진 문장을 잘 찾지 못합니다. 그래서 앞줄의 오른쪽 끝을 제대로 읽지 못하고 지나치거나, 한 줄 더 내려간 줄의 왼쪽을 읽는 경우가 생깁니다.

> 마침내 시간이 흘러 할아버지 생신날이 되었어요.
> 아버지가 세 딸을 불러 선물을 가져오라고 했어요.
> 큰딸과 둘째 딸은 고개만 숙이고 아무 말도 하지 않았어요.
> 그때 막내딸이 송아지를 끌고 나왔어요.
> 사람들은 깜짝 놀랐어요.
> 막내딸은 콩 한 알로 송아지를 샀던 이야기를 해 주었어요.
> 할아버지와 아버지는 함박웃음을 지었어요.

문장마다 색이 다르니까, 동호는 줄이 바뀌어도 잘 읽을 수 있었습니다. 주황색으로 된 첫 문장을 읽다가, 검은색으로 된 두 번째 문장, 주황색으로 된 세 번째 문장, 검은색으로 된 네 번째 문장을 자연스럽게 읽을 수 있게 됩니다.

이것은 큰 병원에서 환자들이 자기에게 맞는 진료과를 쉽게 찾을 수 있도록 바닥에 색깔 있는 리드선을 표시하는 것과 같은 원리입니다. 같은 곳을 몇 번 가게 되면 리드선에 의지하지 않지만, 처음에는 갈 곳을 찾는 중요한 단서가 됩니다.

　마찬가지로 색으로 줄 바꿈을 연습해서 익숙해지면 시야도 확대됩니다. 줄이 바뀌어도 자연스럽게 이어서 읽을 수 있게 되는 것입니다.

09
난독증 아이의 답답한 마음

- ■ 학교 부적응
- ■ 난독증 해당군
- ■ 적절한 학습방법
- ■ 기억하는 힘
- ■ 입말을 글말로 바꾸기
- ■ 컴퓨터 자판으로 문장 다듬기
- ■ 자판을 활용한 이중모음 지도

학교 부적응

"재호는 학습과 교우 관계가 모두 힘든 상황이에요."
2학년 재호의 담임선생님은 고민이 많았습니다.
"재호도 학급 일에 참여하고 싶은 건 확실해요. 하나하나 관심을 보이거든요. 그런데 그 방식이 참견이나 시비처럼 보여요. 그래서 교실에 늘 불화가 생겨요."
담임선생님은 재호가 2학년이지만, 행동을 제지하거나 통제하기가 버겁다고 했습니다.
"재호가 숙제는 해 오나요? 부모님이 학교 교육에 협조를 잘 하시는지 궁금하네요."
"재호네는 삼 형제인데 부모님이 맞벌이하세요. 그래서 부모님이 재호에게 신경 쓰시기 힘든 것 같아요. 재호는 숙제를 거의 안 해 와요."
아무래도 부모님과의 면담이 필요할 것 같았습니다. 담임선생님에게 내가 재호 부모님과 면담을 한 후, 재호를 지도할 방법을 찾아보겠다고 했습니다.
"교장 선생님의 지도방법이 재호에게 도움이 되면 정말 좋겠어요."
담임선생님은 희망을 표현했지만, 크게 기대는 하지 않는 것 같았습니다. 선생님도 재호의 생활과 학습을 지도하려고 부단히 노력했지만, 그동안 효과가 없었기 때문입니다. 매일 반복된 재호와의 싸움으로 에너지가 많이 소모된 상태였습니다.

"안녕하세요."

재호의 어머니가 교장실로 수줍게 인사하며 들어섰습니다.

"안녕하세요, 재호 어머니. 제가 재호에 대해 더 알고 싶어서 면담을 요청했어요."

나는 면담을 통해서 재호에 대해 어느 정도의 정보를 파악할 수 있었습니다. 재호 위로는 형이 둘 있는데, 둘째 형은 특수 교육 대상자였습니다. 어머니가 맞벌이하며 6학년, 4학년, 2학년의 삼 형제를 등하교시키는 상황이었습니다.

"형도 신경을 써야 해서 재호를 돌볼 여력이 좀 없어요. 그래도 학교는 가려고 하니까, 그것에 만족하고 있어요."

재호 어머니는 너무 지쳐 있었습니다. 재호의 문제를 어머니와 공유하고, 부모님의 협조를 얻어 가정에서 함께 과제를 해결하는 것은 어려워 보였습니다. 대신 학교의 지도를 믿고 맡겨 달라고 부탁드렸습니다.

난독증 해당군

재호는 난독증 선별검사 보고서의 종합 결과에서 '난독증 해당군'에 속했습니다.

읽기유창성검사인 K-WCPM에서는 36어절로 학년 목표인 67어절에서 한참 떨어진 상태였습니다. 게다가 읽기평가 시 목소리에 자신감이 없고, 웅얼거림이 있었습니다. 조사를 틀리게 읽거나 음운을 첨가하거나 삭제하는 경우가 있고, 로봇처럼 리듬감 없이 읽는다는 평가를 받았습니다. 즉, 재호는 읽기 유창성이 매우 부족했습니다.

음운인식에 필요한 구어의 청각변별력을 평가하는 어음청취력평가에서도 좌·우측 모두 목표 미달로 나왔습니다.

이런 결과를 종합해 볼 때, 재호는 음운성 난독증과 유창성 난독증이 모두 있어 전문가의 지도가 필요한 상태였습니다.

재호는 글을 읽으면서 자연스럽게 내용을 파악하지 못했습니다. 난독증이 있어서 글씨 읽기가 어려웠습니다. 그래서 글씨를 읽는 데 온 정신을 집중해야 했습니다. 그러다 보니 글의 내용을 이해할 여력이 없었습니다.

'말을 잘 못 알아들으니까, 계속 참견하는 것처럼 보였구나!'

재호의 난독증 검사 결과를 보고 재호의 상태를 훨씬 잘 이해할 수 있었습니다.

청각변별력이 낮은 재호는 선생님 말씀을 잘 듣지 못했고, 잘 듣지 못했으니 이해가 부족했습니다. 그래서 친구한테 자주 묻다 보니 친구들은 재호에게 핀잔을 주거나 가까이 오지 못하게 밀치기도 했습니다. 재호는 친구들의 태도에 속상하고 화가 나서 소리 지르고, 밀치고, 때리는 등의 거친 표현을 계속했던 것입니다.

'나는 무슨 말을 하는지 모르겠단 말이야.'

검사 결과를 보고 있으니까, 재호의 속마음이 들리는 것 같았습니다.

적절한 학습방법

"왜 나만 따로 공부해요?"

재호가 퉁명스럽게 물었습니다. 재호는 난독증은 있었지만, 똑똑하고 상황에 대한 이해도 분명한 아이였습니다. 자존심도 아주 셌습니다.

"이제 끝났으니까 가도 되죠?"

재호는 수업이 끝나기 무섭게 교실로 달아나곤 했습니다.

재호는 교장실에서 공부하는 시간에도 자기 반의 상황을 궁금해했고 늘 교실에 가고 싶어했습니다.

*

"재호야, 산책하자!"

재호도 산책이 공부보다는 나은지 냉큼 따라나섰습니다.

"이 나무 뭐예요?"

재호가 배롱나무에 매달려서 물었습니다.

"그 나무 이름은 배롱나무야. 꽃이 참 예쁘지?"

"네. 예뻐요. 배롱나무는 키가 크네요."

"그러네. 재호가 매달려도 될 만큼 배롱나무는 키가 크네."

나는 재호가 관찰한 것을 표현하도록 재호가 한 말을 받아 주기만 했습니다. 다른 정보를 보태지 않았습니다.

"선생님, 개미가 줄을 지어서 이 나무를 타고 올라가요."
"어머, 개미도 나무를 올라가는구나!"
"예쁜 분홍색 꽃이에요."
재호가 느긋해 보였습니다. 자연스럽게 이야기하고 질문도 했습니다.
"재호야, 나뭇가지를 간지럽히면 배롱나무가 춤을 춘대. 한번 간지럽혀 볼래?"
재호가 호기심 어린 눈으로 배롱나무 껍질을 손으로 살살 간지럽혔습니다.
"어, 이파리가 진짜 움직여요."
재호의 목소리가 매우 들떠 있었습니다.
나는 재호의 말을 하나도 놓치고 싶지 않았습니다. 재호가 하는 말들이 시인의 말처럼 멋졌습니다. 재호가 한 말을 그대로 글로 옮겨 봐야겠다고 생각했습니다.

기억하는 힘

"재호야, 아까 운동장에서 본 배롱나무를 그려 보자!"
"그림 잘 못 그리는데…."
재호는 자꾸 핑계를 대며 그림을 그리지 않으려고 했습니다. 재호는 자기가 관심이 없는 것은 대충 보고 대충 넘기는 버릇이 있어 배롱나무의 모습을 기억하지 못했습니다.
"화가처럼 잘 그려야 하는 건 아니야. 재호가 본 나무의 모습을 잘 기억해서 그리면 돼. 지금 기억이 잘 나지 않는다면 배롱나무를 다시 보고 와도 돼."
"네. 예뻤는데, 그리긴 어려워요."
사실 2학년 아이에게는 어려운 일이 맞습니다. 그러나 무엇을 보았는지 기억하는 힘을 기르려면 훈련이 필요합니다. 사물을 자세히 관찰하고 기억하는 훈련은 학습에도 많은 도움이 됩니다. 대충 보고 대강 넘어가는 버릇도 고칠 수 있습니다.
"이 분홍색이 제일 비슷해요. 배롱나무꽃 색이랑요."
재호가 꽃분홍 크레파스를 골라 들어 보였습니다. 재호가 환하게 웃었습니다. 재호는 손아귀 힘도 좋아서, 그림을 꼼꼼하게 색칠했습니다.
"재호야, 배롱나무라는 이름 기억할 수 있어?"
"네."
"이제 '배롱나무'라고 크게 써 보자. 네가 원하는 색깔로 쓰면 돼."

재호는 한 줄씩 다른 색으로 '배롱나무'를 썼습니다. 필력이 좋으니까 글씨가 큼직하고 힘차게 보여 멋졌습니다.

"분홍색 배롱나무, 검은색 배롱나무, 빨간색 배롱나무, 파란색 배롱나무, 초록색 배롱나무!"

재호는 배롱나무를 다섯 번 다른 색으로 쓰고 색깔의 이름을 넣어서 배롱나무를 읽었습니다. 큰 소리로 말입니다.

입말을 글말로 바꾸기

"재호야, 배롱나무에 대한 네 생각을 글로 써 볼까?"

> 배롱나무는키가 아주커요.
> 꽃잎이아주 높이피었어요.
> 배롱나무는간지럽 게하면 춤을춰요.
> 배롱나무는 우리학교에 있어요.

재호는 글자를 통문자로 기억하는 습관이 있었습니다. 난독증 아이들에게 많이 있는 현상입니다. '나무'를 'ㄴ+ㅏ+ㅁ+ㅜ'로 기억하는 게 아니라 그냥 '나무'라고 기억합니다.

재호가 문장은 또박또박 잘 썼는데 띄어쓰기는 분명하지 않았습니다. 그러다 보니 자기가 쓴 문장을 읽는데도 제대로 끊어 읽지 못했습니다. 이런 경우에 내용 이해에 문제가 생길 수 있습니다. 의미 단위로 능숙하게 끊어 읽지 못하면 내용을 바르게 이해할 수 없습니다. 그래서 어절과 어절 사이의 띄어쓰기가 확연히 눈에 보이도록 *(꽃표)를 그려 넣고 읽게 했습니다.

> 배롱나무는 * 키가 * 아주 * 커요.
> 꽃잎이 * 아주 * 높이 * 피었어요.
> 배롱나무는 * 간지럽게 * 하면 * 춤을 * 춰요.
> 배롱나무는 * 우리 * 학교에 * 있어요.

　이번에는 재호가 어절 단위로 잘 끊어 읽었습니다. 재호는 이해가 빠르고 적용도 잘했습니다. 나는 앞으로 재호가 얼마나 성장할지 기대되었습니다.

컴퓨터 자판으로 문장 다듬기

재호는 자기가 쓴 글씨는 아주 잘 읽었습니다. 그런데 교과서 글씨는 잘 읽지 못했습니다.

"선생님, 못 읽겠어요."

재호는 교과서를 두려워했습니다. 교과서는 재호에게 실패와 좌절의 경험을 안겨 주었기 때문입니다.

"재호야, 네가 쓴 글을 컴퓨터에 입력해 보자."

"누가요?"

"재호가."

우리는 배롱나무 이야기를 한글 문서로 만들기로 했습니다.

> 배롱나무는 * 키가 * 아주 * 커요.
> 꽃잎이 * 아주 * 높이 * 피었어요.
> 배롱나무는 * 간지럽게 * 하면 * 춤을 * 춰요.
> 배롱나무는 * 우리 * 학교에 * 있어요.

"재호야, 네 개의 문장 중에 제일 먼저 와야 할 문장이 뭘까? 배롱나무가 어디에 있었지?"

"우리 학교에요. 아, '배롱나무는 우리 학교에 있어요'가 대장이면 좋겠어요."

나는 해당 문장을 블록으로 지정해서 맨 위로 위치를 변경했습니다.

> 배롱나무는 * 우리 * 학교에 * 있어요.
> 배롱나무는 * 키가 * 아주 * 커요.
> 꽃잎이 * 아주 * 높이 * 피었어요.
> 배롱나무는 * 간지럽게 * 하면 * 춤을 * 춰요.

재호는 엄청 신기해하며 수정된 문장을 순서대로 읽었습니다.

"아직 이야기가 조금 어색한데? '배롱나무는 키가 아주 커요'와 '꽃잎이 아주 높이 피었어요' 두 문장 사이에 이어 주는 말을 넣으면 어떨까?"

재호가 어려워하는 눈치였습니다.

"그리고, 그래서, 그러나 세 개의 접속사 중 가장 알맞은 말이 무얼까?"

나는 일부러 '접속사'라는 말을 넣어 말했습니다. 접속사는 어려운 말이지만, 재호는 어림짐작으로 '이어 주는 말'이라고 이해한 것 같았습니다.

"배롱나무는 키가 아주 커요. (그리고) 꽃잎이 아주 높이 피었어요."
"배롱나무는 키가 아주 커요. (그래서) 꽃잎이 아주 높이 피었어요."
"배롱나무는 키가 아주 커요. (그러나) 꽃잎이 아주 높이 피었어요."

재호는 접속사를 하나하나 넣어 보고 소리 내어 읽었습니다.

"아무래도 '그래서'가 좋을 것 같아요."

"그래, 자연스러운 접속사를 잘 골랐어. 이제 네가 쓴 글을 작품으로 만들어 보자."

나는 문서 맨 위에 제목 칸을 만들었습니다. 그리고 재호가 자기 이름을 넣을 수 있도록 이름 칸도 만들었습니다.

"배롱나무요, 제목을 배롱나무라고 할래요."

재호는 잠깐 고민하다가, 글의 핵심 단어인 '배롱나무'를 제목으로 정했습니다. 재호가 직접 제목과 자기 이름을 치고 인쇄 버튼을 눌렀습니다.

"우아, 신기해요."

재호는 자기가 쓴 글은 인쇄된 글자인데도 잘 읽었습니다. 큰 소리로 읽었고, 어색하거나 서툰 발음도 없었습니다. 이해하지 못하는 부분도 없었습니다.

배롱나무

이름 : 이재호

배롱나무는 우리 학교에 있어요.
배롱나무는 키가 아주 커요.
그래서 꽃잎이 아주 높이 피었어요.
배롱나무는 간지럽게 하면 춤을 춰요.

"선생님, 제가 쓴 글이에요."
"이재호 작가가 탄생했네."

그 후로 재호는 자꾸만 글을 써서 가져왔습니다. 본 건 모두 기록할

듯이 글을 썼습니다. 재호가 경험한 내용을 손으로 직접 쓰고, 쓴 글을 컴퓨터에 정리해 인쇄했습니다. 아이가 정말 빨리 성장한다고 느꼈습니다. 재호가 성취감과 자기 효능감을 느끼는 순간이 많아졌습니다.

"교장 선생님, 재호가 많이 달라졌어요. 생활 태도도 좋아졌고, 친구들과의 다툼도 줄었어요."

어느 날 담임선생님이 말했습니다.

"재호는 청취력에 문제도 컸어요. 선생님 말씀을 알아듣기 힘들어서 친구들 주변을 기웃거렸던 거예요. 똑똑하고 자존심 강한 아이여서 친구들이 불편해하거나 거부감을 보이면 참지 못하고 화풀이했던 것 같아요."

"4개월 만에 이렇게 좋아졌다는 게 너무 신기해요. 이제 저한테도 표현을 잘해 줘서 교실에서 잘 적응할 수 있을 것 같아요."

재호는 담임선생님과 소통도 잘하게 되었습니다. 친구들과도 잘 지냈습니다. 학습능력이 학교생활의 적응에 정말 중요한 요소라는 걸 재호를 통해 다시 한번 느끼게 되었습니다.

친구들은 다들 열심히 무언가를 하는데, 나만 못 알아듣고 뒤처져 있으면 얼마나 속상할지 아이의 마음을 생각해 봅니다.

자판을 활용한 이중모음 지도

재호는 자음과 단모음은 혼자서도 잘 입력하고 혼란을 겪지 않았습니다. 하지만 이중모음의 입력 순서는 헷갈려 했습니다.

'배롱나무는 간지럽게 하면 춤을 춰요.'에서 '춰'의 'ㅞ'는 이중모음입니다. 이중모음은 두 개의 모음이 결합되었기 때문에 쓰는 것도 어렵고, 입술 모양이나 혀의 위치가 달라져서 발음도 어렵습니다.

재호는 글자 쓰는 순서도 어려워했습니다. 공책에 글씨를 쓸 때도 'ㅊ→ㅓ→ㅜ'의 순서로 썼습니다. 곁에서 지켜보면 순서에 맞게 쓰지만, 혼자 쓸 적엔 손이 가는 대로 썼습니다. 문제는 공책에 글씨를 쓰면 순서가 틀려도 '춰'로 완성이 되지만, 자판으로 칠 때 모음 입력 순서를 틀리면 '처ㅜ'라는 글자가 나타납니다.

"어, 선생님! 자꾸 이상하게 써져요."

나는 못 들은 척하고 딴짓을 했습니다.

"어? 어?"

재호가 '처ㅜ'를 쳤다가 지우고, 쳤다가 지우고, 또 쳤다가 지웠습니다.

재호가 잠깐 고민하더니 'ㅜ → ㅓ'로 순서를 바꿔 입력했습니다.

"와! 됐다. 이제 '춰'가 됐어요."

재호가 환호성을 지르며 손뼉을 쳤습니다.

이제 재호는 자판으로 한글을 치는 것에 재미를 들였습니다. 글이 한편 완성될 때마다 자판으로 정리했습니다. 그리고 교과서의 글도 재호처럼 경험한 것을 컴퓨터로 정리한 글이라고 말해 주었더니 차츰 교과서의 글도 두려워하지 않고 읽어 냈습니다.

재호의 경우에는 4개월 만에 크게 성장했습니다. 아이들은 적절한 때에 적절한 도움을 주면 재호처럼 얼마든지 성장할 수 있습니다.

재호를 가르치면서 나도 많이 성장했습니다. 인쇄물로 된 텍스트를 두려워하는 아이들을 어떻게 가르쳐야 하나 고민이 많았는데, 재호를 통해 방법을 찾았습니다. 한 겹의 베일이 벗겨진 것 같았습니다.

유레카!

10
도서관을 이용 하기까지

- 1:1 수업 설계
- 받침 없는 말 '소나무'
- 장미꽃과 접시꽃
- 배우고 싶은 것
- 글자 쪼개기
- 모래 위에 글씨 쓰기
- 마중글 찾기
- 도서관 이용하기

교문 앞에서 등교하는 아이들과 인사하는 시간은 참 설렙니다. 아이들의 표정을 볼 수 있고, 아이들의 맑은 웃음소리를 들을 수 있기 때문입니다.

 '저 아이는 왜 매일 늦는 걸까?'

 3학년 선우는 어머니가 학교에 데려오는데도, 매일 10분쯤 늦었습니다. 처음엔 집이 먼 줄 알았는데, 알고 보니 학교에서 아주 가까운 거리에 살고 있었습니다.

 "선생님, 선우는 집도 가까운데 왜 늘 늦는 걸까요?"

 며칠 지켜보다 궁금해서 담임선생님에게 물었습니다.

 "기초학력이 많이 떨어져요. 사실 공부가 문제가 아니에요. 아파트 동호수를 기억 못 해서 어머니가 등하교를 시키세요."

 "그럼 특수 교육 대상자일까요?"

 "부모님이 원하지 않으셔서 진단을 받지 못했어요. 제가 보기에는 대상자가 맞는 것 같은데, 안타까워요. 교육을 받으면 좋아질 텐데…."

 "어울리는 친구는 있나요?"

 "아니요. 늘 혼자예요. 책상에 엎드려 잠을 잘 때가 많고, 선우의 목소리를 들은 친구도 거의 없어요."

 학교에 있는 시간이 얼마나 긴데, 공부도 이해하지 못하고 친구도 없다니 학교에 오는 게 선우에게 어떤 의미가 있을까 싶었습니다. 아침마다 어머니에게 이끌려 억지로 오다 보니 선우는 늘 지각이었습니다.

*

해마다 기초학력 부진 학생을 맡아 지도한 경험을 기초학습 프로그램으로 체계화시켰습니다. 선우를 포함해 네 명을 가르쳐 보기로 했습니다.

겨울방학이 될 때쯤 다른 아이들은 나름 성장했습니다. 하지만 선우는 그 친구들 사이에서도 소외되었습니다. 선우는 그중에서도 학습 준비도가 현저히 낮아서 아무것도 가르치지 못했습니다. 결국 선우는 아무것도 배우지 못한 채 겨울방학을 맞이하게 되었습니다. 마음은 너무 안타까웠지만, 대체 무엇을 어디서부터 가르쳐야 할지 난감하기만 했습니다.

'배움이 전혀 일어나지 않는 아이일까?'

나는 언제나 어떤 아이라도 그 아이에게 맞는 속도로 가르치면 얼마든지 배울 수 있다고 생각해 왔습니다. 하지만 선우처럼 아무것도 배울 수 없는 아이도 있는 게 아닐까 의심이 들기 시작했습니다. 선우는 30년 교직 생활 중 배움이 전혀 일어나지 않은 유일한 아이였습니다.

선우는 시종일관 무기력했습니다. 고개를 오른쪽으로 살짝 기울이고 두 팔은 바닥으로 떨군 채 한 시간 내내 앉아 있었습니다. 눈은 초점이 없었고, 자기 이름조차 가끔은 '선오'라고 잘못 썼습니다.

'다음 학기에는 선우만 집중적으로 가르쳐야겠다.'

나는 그렇게 결심을 하고 나서, 선우가 보여준 행동을 생각해 보았습니다.

'적어도 학교에는 오잖아. 그리고 먼저 인사도 하고 순하잖아. 조금은 희망이 있어!'

나는 선우의 장점을 떠올리며, 나 자신을 격려했습니다.

1:1 수업 설계

 선우만을 위한 수업을 설계해야 했습니다. 하지만 30년 동안 선우 정도로 배움이 일어나지 않는 아이는 없었기 때문에 고민이 많았습니다. 학교 내에 나에게 조언을 해 줄 교사도 없었고, 인터넷이나 책에서도 적절한 조언을 찾을 수 없었습니다.

"선우야, 산책하자!"

 나는 마법의 운동장으로 선우와 함께 나갔습니다. 그동안 산책하면서 변화를 보여 주었던 아이들을 떠올려 보았습니다.

"날씨가 쌀쌀하네."

 우리는 따사로운 봄 햇살을 받으며 20분 정도 교정을 한 바퀴 돌았습니다. 하지만 내가 무슨 말을 해도 선우는 관심이 없었습니다. 나와 멀찍이 떨어져서 건들거리며 걸었습니다.

'첫술에 배부르겠어?'

 내가 나를 달래면서 산책을 계속 이어갔습니다.

받침 없는 말 '소나무'

"소나무야, 안녕!"

나는 정문 바로 옆에 선 소나무에게 인사했습니다. 선우에게 인사를 따라 하게 했더니 아주 작은 소리로 웅얼웅얼 따라 했습니다.

"이리 와서 소나무 껍질을 만져 봐. 어때?"

선우에게 직접 만지는 경험을 하게 하고 싶었습니다. 하지만 선우는 힘없이 검지로 대충 만지는 둥 마는 둥 하고 관심이 없었습니다.

"선우야, 냄새도 맡아 봐."

선우는 나무를 만져 보고, 안아 보고, 냄새도 맡아 보았습니다.

"소나무 잎을 솔잎이라고 하는데, 잎이 뾰족하게 생겼어. 한번 손바닥을 찔러 볼까?"

"앗, 따가워!"

"따갑지? 바늘처럼. 바늘 알아?"

선우는 인상을 찌푸리며 손을 등 뒤로 감췄습니다.

"솔방울이다! 솔방울 본 적 있어?"

선우가 고개를 저었습니다.

"이건 안 따가워. 손바닥에 올려 봐."

선우가 손바닥에 솔방울을 올려놓고 이리저리 살폈습니다.

"솔방울! 따라 해 봐. 솔방울은 소나무 아기야."

"소바…."

여러 번 노력했지만, 솔방울을 정확하게 발음하지는 못했습니다.

산책을 시작한 지 3주 만에 서로 소통했다 할 만한 대화를 나누었습니다. 이후로 선우도 사물에 관심을 표현하기 시작했습니다.

"우리 소나무를 그림으로 그려 보자!"

스케치북과 크레파스를 가지고 나가서 소나무를 그렸습니다. 솔잎은 초록색으로 뾰족뾰족하게 그리고, 나무기둥은 밤색으로 그렸습니다. 황토색으로 땅도 그렸습니다.

"이 나무 이름이 '소나무'야. 오늘은 소나무의 '소'만 써 보자. 소의 'ㅅ'은 솔잎 두 개가 옆으로 벌린 모양이야. 비슷하지?"

선우는 소나무 그림 아래 '소'를 따라 썼습니다. 그리고 여러 번 읽게 했습니다.

장미꽃과 접시꽃

5월이 되니 학교 울타리에 빨간 장미꽃이 만발했습니다. 며칠 동안 나는 선우와 장미꽃을 보았고, 장미꽃에 대해 많은 이야기를 했습니다. 선우는 장미 꽃잎을 입술에 붙이고 립스틱이라며 장난을 치기도 했습니다.

"이 꽃 이름이 뭘까?"

"빨간색."

"이 빨간색 꽃은 이름이 뭐지?"

"톡톡톡!"

어제 내가 빗물을 털어 내면서 '톡톡톡'이라고 말했는데, 그 말을 떠올린 것 같았습니다.

"빨간 꽃, 장미. 따라 해 봐."

"빨간 꽃, 장미."

나는 받침이 어렵지 않은 글자인 '장미'만 가르쳤습니다.

그리고 얼마 후, 장미가 지고, 담장 아래 접시꽃이 만발했습니다.

"접시꽃은 접시처럼 크고 둥글게 생겨서 이름이 접시꽃이야."

나는 가장 큰 꽃을 땄습니다. 그리고 접시꽃을 접시 위에 놓고, 선우가 크기를 비교하게 해 주었습니다. 선우가 관찰한 접시꽃은 꽃잎을 하나하나 떼어 공책 사이에 끼워 말렸습니다.

"접시꽃을 그릴 수도 있지만, 이번엔 말린 꽃잎을 붙여서 접시꽃을 만들어 보자. 선우야!"

스케치북의 가운데 분홍색 크레파스로 십자 모양을 그렸습니다. 그리고 말린 꽃잎에 풀칠하고, 십자 모양 사이사이에 꽃잎을 붙였습니다. 근사한 접시꽃이 뚝딱 꾸며졌습니다. 이제 선우는 접시꽃이 무엇인지 분명히 알았습니다.

'장미꽃은 장미라고 가르쳐도 되는데, 접시꽃은 접시라고 가르치면 안 되잖아?'

나는 잠시 고민하다가 '접시꽃'을 가르치기로 했습니다. 특히 '꽃'자가 문제였습니다.

"선우야, 꽃잎은 여러 장이잖아? 그런데 글씨로 쓸 때는 꽃잎을 'ㄱ'으로 2개만 그리기로 약속했어. 'ㄲ'의 이름은 쌍기역이야."

"아, 네."

선우는 어려워하지 않고, 그냥 '접시꽃'을 따라 썼습니다. 나중에 '장미꽃'을 쓸 때도 꽃잎 두 장을 떠올리며 '꽃'을 잘 썼습니다.

배우고 싶은 것

"혹시 선우가 배우고 싶은 거 있어?"
나는 선우가 무슨 생각을 하는지 궁금했습니다.
"펭귄이요."
선우가 눈을 몇 번 깜박거리다 말했습니다.
"그래? 내일은 펭귄을 공부할까?"
선우가 배우고 싶은 게 있다니 얼마나 흥분이 되었는지 모릅니다.
'펭귄을 어떻게 가르치면 좋을까? 아주 좋아하며 신나게 배우면 좋을 텐데….'
나는 인터넷을 검색해서 가장 귀엽고 사랑스러운 이미지의 펭귄들을 찾아 몇 장 인쇄해 두었습니다.
"와, 선생님. 얘는요, 황제펭귄이에요. 키가 커요. 목에 노란색이 있어요. 내가 좋아해요. 펭귄은 어떻게 써요?"
"어머머!"
나는 이때를 놓칠세라 신이 나서 얼른 글자를 써 주었습니다. 선우가 내 생각보다 금방 따라 썼습니다. 펭귄이라는 글자는 결코 쉬운 글자가 아닌데, 어떻게 금방 따라 쓰는지 신기하기만 했습니다. 쓰는 순서도 차근차근 가르쳐 주니까, 틀리지 않게 썼습니다.
선우는 펭귄을 공책에 몇 번 쓰더니, 색종이에도 스케치북에도 '펭귄'이라는 글자를 쓰기 시작했습니다. 아이들이 캐릭터 스티커를 붙이는 것처럼 펭귄을 예쁜 글씨로 써서 그림 옆에 붙였습니다.

'진작 물어볼걸.'

선우가 평소와 달라진 이유는 분명했습니다. 자기가 관심 있는 걸 배웠기 때문입니다. 배움이 일어나기 위해서는 '아이의 호기심'이 바탕이 되어야 한다는 걸 새삼 느꼈습니다.

선우가 살아나기 시작했습니다. 눈빛이 살아나고, 자기 힘으로 배움의 걸음마를 시작했습니다. 나는 선우가 뭔가에 관심만 보여도 두근두근 설렜습니다. 드디어 무언가 배우기 시작한 선우를 생각만 하면, 자다가도 웃음이 났습니다.

*

"거미예요!"

하루는 선우가 산책길에서 거미를 발견했습니다. 여러 가지 색으로 독특한 무늬를 한 커다란 거미가 거미줄에 대롱대롱 매달려 있었습니다. 8개의 다리가 길쭉길쭉했고, 발끝에는 노란색과 주황색, 밤색의 줄무늬가 있었습니다.

"으악, 선생님!"

선우는 거미를 보자마자 내 뒤에 숨어 무섭다고 벌벌 떨었습니다. 그러면서도 거미가 어떻게 생겼는지 어떻게 움직이는지 궁금해했습니다.

"거미를 배우고 싶어요."

선우가 펭귄을 배운 경험은 이후의 배움에 커다란 영향을 미쳤습니다. 궁금한 것, 배우고 싶은 것을 자세히 관찰하며 글로 썼습니다.

처음 무언가에 관심을 가지기까지는 상당한 시간이 필요했지만, 배움이 일어난 후에는 배움의 속도가 빨라지고 내용도 풍부해졌습니다.

내가 계획한 수업보다 선우가 원한 수업이 훨씬 재미있었고, 선우가 내용을 받아들이는 속도도 빨랐습니다. 지금까지 30년 넘게 가르쳤지만, 여전히 아이들을 가르치는 일은 아이들을 통해서 배웁니다.

글자 쪼개기

이제 선우는 글자를 배우는 재미에 완전히 빠졌습니다. 선우가 배우고 싶은 글씨를 나에게 주문하기 시작했습니다.

"'상어'랑 '악어'를 배우고 싶어요."

우리는 '상어'를 먼저 공부했습니다.

그리고 이어서 '악어'를 인쇄한 글자를 보여 주며 읽어 보라고 했습니다. '악' 자는 몰라도 '어' 자는 읽을 수 있을 거라 내심 기대했습니다. 조금 전에 상어를 배웠으니 당연히 '어'를 읽을 수 있을 줄 알았습니다.

"이 글자는 알겠지?"

나는 선우에게 악어의 '어'자를 가리키며 물었지만 선우는 대답을 못 하고 내 눈길을 피했습니다.

상어　　　악어

나는 단어 카드를 책상 위에 나란히 놓고 선우에게 보여 주었습니다. 예상대로 선우는 '상어'는 큰 목소리로 읽었지만 '악어'는 끝까지 읽지 못했습니다.

선우는 악어를 배우지 않았는데 어떻게 아느냐는 듯이 쳐다봤습니다. 상어의 '어'와 악어의 '어'는 같은 음절인데 선우는 '어'를 읽지 못했습니다. 받침 없는 글씨이고 어렵지도 않은데 말입니다.

'글자를 쪼개어 가르칠 단계가 되었구나.'

나는 단어 카드를 가위로 잘랐습니다. 음절 단위로 한 글자씩 나누면, 아이는 각 음절을 주의 깊게 인식할 수 있습니다.

| 장미꽃 | = | 장 | + | 미 | + | 꽃 |

그런 다음, '장, 미, 꽃'이라는 세 음절의 종이를 '장미꽃'이라는 하나의 단어로 다시 이어 붙이는 놀이를 했습니다.

| 장 | + | 미 | + | 꽃 | = | 장미꽃 |

음절 단계로 낱말 찾기가 익숙해지면 음운 단위로 맞추는 놀이를 했습니다. 이때는 한글 입체 모형을 이용했습니다. 이 경우에도 자음과 모음으로 나누었다가 거꾸로 '음운→음절→단어'로 결합하는 놀이로 진행했습니다.

장	=	ㅈ	+	ㅏ	+	ㅇ
미	=	ㅁ	+	ㅣ		
꽃	=	ㄲ	+	ㅗ	+	ㅊ

모래 위에 글씨 쓰기

"모래 놀이 좋아해?"

"네!"

나와 둘이 있을 때는 선우가 적극적으로 반응해 주었습니다.

처음에 선우는 소나무도 장미꽃도 몰랐습니다. 선우가 어릴 때 더 많은 경험을 했다면 어땠을까요? 분명히 지금보다는 더 호기심 많은 아이로 성장했을 것입니다. 실제 펭귄도 아니고, 이미지를 보고 무척 좋아하던 선우의 모습이 지금도 선합니다.

나는 선우가 더 많은 자극을 받고, 더 많이 경험하길 바랐습니다. 아크릴 상자를 만들어 샌드아트용 모래를 담았습니다. 선우가 모래 위에 글씨 쓰는 활동을 하면서 어떤 말을 할지 무척 궁금했습니다.

"선우야, 먼저 네가 쓰고 싶은 글씨, 알고 있는 글씨부터 써 봐!"

모래에 자기가 쓰고 싶은 글씨를 쓰고 지우는 놀이는 선우가 정말 좋아했습니다.

그리고 손가락에 남은 감촉은 글자를 익히는 데도 도움이 됩니다. 왼쪽에서 오른쪽으로 획을 그을 때와 위에서 아래로 획을 내리그을 때는 모래가 스치는 손가락 부위가 다릅니다. 이후에 연필로 글씨를 쓸 때도 모래 놀이를 할 때의 감각이 연동됩니다. 획을 그을 때 방향이 정확해집니다.

마중글 찾기

　시간이 갈수록 선우가 아는 단어도 점점 늘었습니다. 그래서 새로운 단어를 배울 때는 선우가 아는 단어의 앞글자로 글자를 구성했습니다. 나는 그것을 '마중글 찾기'라고 부릅니다.

"티라노사우루스를 쓰고 싶어요."

　티라노사우루스는 선우가 가장 좋아하는 공룡이었습니다. 그런데 사실 하나하나의 음절은 이미 배운 적이 있는 것들이었습니다. 7개의 음절로 되어 있어 어려워 보일 뿐이었습니다.

"선우야, 티셔츠 쓸 수 있지?"

"네."

"티라노사우루스는 우리가 배운 글자들로 되어 있어. 천천히 떠올려 보자."

티 – 티셔츠의 '티'
라 – 라면의 '라'
노 – 노래의 '노'
사 – 사회의 '사'
우 – 우유의 '우'
루 – 루돌프의 '루'
스 – 뱀이 내는 소리의 '스'

나는 선우가 기억하기 좋은 마중글을 붙여 주었습니다.

"어, 내가 아는 글자들이에요."

선우는 긴 낱말이라 기억하기 어려운 '티라노사우루스'를 스스로 쓸 수 있다는 사실에 놀랐습니다. 그리고 시간이 지나면서 선우에게 마중글도 필요 없게 되었습니다. 소리를 연상하는 것만으로도 글자를 쓸 수 있었습니다.

도서관 이용하기

 어느 날 아침, 도서관에 갔더니 동호가 있었습니다. 그런데 동호는 책을 읽는 게 아니라, 소리 지르며 책장 사이를 뛰어다녔습니다.
 우리 학교 도서관은 쾌적하며 책장 사이에 넓은 놀이 공간이 마련되어 있습니다. 천연물감으로 아름답게 색칠되어 정서적으로도 편안함을 줍니다. 아이들이 매우 사랑하는 공간입니다. 왁자지껄하게 말해도 되고, 누워서 책도 볼 수 있습니다. 하지만 뛰거나 소리 지르는 건 허용되지 않습니다.
 "동호야, 이리 와 봐."
 나는 뛰어다니고 있는 동호에게 와 보라고 손짓하며 불렀습니다. 도서관에서 다른 친구들에게 방해가 될 정도로 소란스럽게 하면 안 된다고 동호에게 알려 주었습니다.
 "무슨 책을 읽었니?"
 "이 책이요!"
 동호가 고른 책을 보여 주었습니다.
 "이 책은 너무 어려울 것 같은데 이 책을 읽으니 어떠니?"
 "어려워요."
 이제 막 한글을 읽게 된 동호가 읽기에는 글밥도 많았고, 내용도 어려워 보였습니다.
 "저도 독서통장에 저축하고 싶어요. 근데 무슨 책을 읽어야 할지 모르겠어요."

동호가 한글은 읽게 되었지만, 자기에게 맞는 책을 고르는 건 아직 어려웠습니다.

나도 어릴 때 서점에 갔는데, 천장까지 빽빽하게 꽂힌 책들을 보고 당황했던 적이 있습니다. 어떤 책을 고를지 막막해서 결국엔 중앙판매대에 전시된 베스트셀러를 샀습니다. 그리고 또 한번은 『탈무드』를 사려고 서점에 갔는데, 출판사가 다른 『탈무드』가 여러 권 있었습니다. 결국, 어떤 걸 사야 할지 몰라서 서점에서 책을 제일 높이 쌓아 놓은 출판사의 『탈무드』를 산 기억이 있습니다. 나에게 맞는 책을 어떻게 선택해야 할지 배운 적이 없었기 때문입니다.

우리 학교 도서관에는 글을 읽는 것이 서툰 아이들을 위한 공간이 따로 마련되어 있습니다. 한국십진분류표를 따르지 않고, 그림책, 받침 없는 글자 동화책, 받침 배우는 동화책 등 글을 잘 알지 못해도 읽기 쉬운 책을 모아 놓은 공간입니다. 〈읽기 쉬운 책〉이라고 안내판을 붙여 놓았습니다.

"책 고르는 방법을 알려 줄게. 네가 재미있게 읽을 수 있는 책은 이쪽에 있어."

나는 동호에게 천천히 책들을 살펴보라고 했습니다.

"너무 두꺼운 책보다는 얇은 책이 좋겠어. 그리고 아직은 글보다 그림이 많은 책을 봐도 좋아. 재미있어 보이는 책을 골라 봐."

동호가 책장을 후루룩 넘겨 보며 이 책 저 책을 탐색했습니다.

"이 정도면 읽을 수 있겠다 싶은 책이 있니?"

동호는 어떤 책은 다시 책꽂이에 꽂아 두고, 어떤 책은 자기 옆에 내려놓았습니다. 책을 탐색할수록 동호가 읽을 수 있는 책이 쌓여 갔습니다.

"빌리고 싶은 책을 다 골랐어?"

"네."

"이제 독서통장과 책을 들고 카드기 앞으로 가 보자."

도서 대출하는 방법을 알려 주었습니다.

"먼저 독서통장을 카드기에 넣어야 해. 그리고 책의 바코드를 찍어 봐."

"선생님! 책 이름이 찍혔어요."

독서통장에 대출 도서명이 찍힌 걸 보고 동호는 뛸 듯이 좋아했습니다.

동호와의 1교시 수업 이후, 나는 한글 지도가 끝나면 아이와 도서관에 가서 함께 책을 고르고, 대출도 함께해 봅니다. 도서관에 드러누워 동화책을 보며 재밌어 할 아이를 생각하면서 말입니다.

11
동요의 힘

"너무 예뻐요."

동호가 분홍색 크레파스를 바라보며 나지막이 말했습니다.

동호는 처음 분홍색을 써 본 후 분홍색에 완전히 빠졌습니다. 좋아해도 너무 좋아했습니다. 크레파스 상자를 정리할 때도 분홍색을 제일 처음 칸에 꽂았고, 분홍색을 토닥거리고 난 후에야 크레파스 상자를 닫았습니다. 글씨를 쓸 때도 그림을 그릴 때도 특별히 분홍색을 아껴서 조심스럽게 다뤘습니다.

"노래를 같이 들어볼까?"

나는 동호에게 〈너를 아주 좋아하니까〉라는 동요를 들려주었습니다. 분홍색을 좋아하는 아이의 마음이 담긴 노래였습니다. 마치 동호의 마음을 노래한 것 같았습니다.

"동호야, 노래 불러 보자!"

"…."

동호는 대답하지 않고 쭈뼛거렸습니다.

노래를 많이 듣고 불러야 음감과 박자감이 생기는데, 경험이 거의 없었기 때문입니다. 무엇보다 가사를 읽어야 한다는 부담감이 컸을 것입니다.

나는 동호에게 동요 부르는 즐거움을 알려 주고 싶었습니다. 동요에는 쉽고 예쁜 단어, 의성어와 의태어가 많이 있어 어휘를 배우고 리듬감을 익히기에 좋습니다. 게다가 정서 발달과 상상력을 키우는 데 큰 도움이 됩니다.

"동호야, 조금 어렵지? 조금씩 나누어 불러 볼까?"

나는 노래를 한 소절씩 나누어 반복해 들려주었습니다.

'나중에는 혼자도 부르겠지, 언젠가는 나 없는 데서 콧노래를 흥얼거릴 거야.'

나는 동요가 정말 대단한 힘을 가졌다고 생각합니다. 동요를 부르면서 동호는 점점 아는 글자가 많아지고, 자연스럽게 읽고, 자주 웃게 되었습니다.

"선생님, 노래 부르니까 마음이 즐거워지고 스트레스가 풀리는 거 같아요."

나는 동호의 말에 기운이 솟았습니다. 동요 부르기 수업은 동호에게 내가 계획한 것보다 더 많은 긍정적인 변화를 일으켰습니다.

나는 동호가 글자를 알게 된 것보다 마음이 즐거워졌다는 게 더 좋았습니다. 우리는 〈너를 아주 좋아하니까〉로 시작해서 〈들꽃 이야기〉, 〈네 잎 클로버〉, 〈아기 염소〉를 하나씩 배워 나갔습니다. 정말로 동호가 저도 모르게 콧노래를 부르기 시작했습니다. 내가 아는 척하면 무안해할까 봐 모른 척했지만, 정말 뭉클한 일이었습니다.

동요로 한글을 가르치는 과정

> 1. 가사의 의미를 하나하나 설명해 줍니다.
> 2. A4 용지를 가로 방향으로 설정해 가사를 씁니다.
> 3. 한 줄에 한 문장씩, 글자 크기는 40포인트로 제작합니다.
> 4. 한 줄씩 다른 색깔로 표시해 한눈에 잘 들어오게 합니다.
> 5. 가사가 익숙해질 때까지 반복해서 읽게 합니다.
> 6. 인터넷에서 찾은 노래를 한 소절씩 듣고 따라 부르게 합니다.
> 7. 가사를 안 보고도 노래할 수 있을 만큼 반복하게 합니다.

글자를 두려워하는 동호를 위해 아주 큰 글씨로 인쇄했습니다. 큰 글씨는 글자를 모르는 아이들의 두려움을 줄여 주기 때문입니다. 그리고 유채색 글씨는 글자를 기억하는 데 도움을 주고, 줄 단위로 생각을 이해하며 읽게 도와줍니다. 또한, 줄 이동이 있으면 혼란을 느낄 수 있으므로 한 줄에 한 문장씩 배치하는 것이 좋습니다.

내가 문장을 읽으면 동호가 따라 읽었습니다. 나는 동호가 내용을 잘 이해할 수 있도록 의미 단위로 천천히 끊어 읽었습니다. 한 소절씩 반복해서 듣고 따라 하면서 동호는 글자와 내용을 연계하여 익혔습니다. 읽을 때의 목소리도 점점 커졌고, 반복할수록 조금씩 빨리 읽을 수 있었습니다. 동호는 자연스럽게 읽기의 리듬을 익혀 갔습니다.

나는 혼자서도 할 수 있게 인터넷 사용방법을 동호에게 가르쳐 주었습니다. 언제까지나 내가 동호 옆에서 노래를 찾아 줄 수는 없을 테니 말입니다. 인터넷 검색창에 노래 제목을 치고 들어가 play를 눌렀습니다.

가사를 이미 알고 있었기 때문에 동호는 편안하게 노래를 들을 수 있었습니다. 내가 예상한 대로 동호는 리듬이 아름답고, 분홍색을 좋아하는 마음이 자기와 같은 〈너를 아주 좋아하니까〉란 노래를 무척 좋아했습니다. 1절을 완벽히 배우고 나서 2절, 3절까지 모두 배웠습니다. 같은 노래를 계속 반복했지만, 노래로 부르니까 지루해하거나 스트레스 받지 않고 열심히 했습니다.

찬 바람이 불기 시작한 어느 날, 동호가 드디어 노래 한 곡을 3절까지 완창할 수 있게 되었습니다.

"와, 동호야. 정말 잘 부른다!"

동호가 포기하지 않고 결국 해냈습니다. 정말 기특하고 대견했습니다. 매일 연습한 덕분에 동호는 글자를 완전히 읽을 수 있을 뿐만 아니라, 박자와 리듬감이 좋아졌고 자신감도 생겼습니다.

나 혼자 듣기는 정말 아까웠습니다. 동호의 성취감과 자신감은 물론이고 나의 보람까지, 이 벅찬 기쁨을 누군가와 나누지 않고는 견딜 수 없었습니다.

*

"동호야, 우리 작은 음악회를 열어 볼까? 친구들 앞에서도 부를 수 있니?"

"네!"

동호도 나와 같은 마음이었나 봅니다.

작은 음악회는 크리스마스 전날인 12월 24일에 음악실에서 열렸습니다. 나는 음악 선생님에게 동호가 멋지게 부를 수 있게 노래를 편곡해 달라고 부탁했고, 반주는 6학년 중에서 피아노를 가장 잘 치는 아이에게 부탁했습니다.

드디어 작은 음악회가 열리는 날이었습니다. 동호는 청바지와 흰 티를 단정하게 입고 아이들을 기다렸습니다. 동호의 담임선생님과 반 친구들이 음악실로 들어왔습니다.

"〈너를 아주 좋아하니까〉를 부르겠습니다."

연습을 많이 한 덕에 동호는 긴장도 많이 하지 않고, 노래를 아주 자연스럽게 잘 불렀습니다.

"와, 앙코르!" "앙코르!"

친구들이 크게 외쳤습니다.

"다음은 〈들꽃 이야기〉를 부르겠습니다."

우리는 앙코르가 나올 때를 대비해 한 곡을 더 준비해 두었습니다. 앙코르곡을 준비하면서도 우리는 많이 웃었습니다. 왠지 친구들이 앙코르를 외칠 것 같다고 생각하면서 많이 설렜습니다.

"동호가 노래를 너무 잘 부르네. 진짜 대단하다."

담임선생님도 동호에게 꽃다발을 건네며 듬뿍 칭찬했습니다.

"동호야, 너 어떻게 노래를 잘하게 된 거야? 우리도 전혀 모르는 노랜데?"

친구들이 깜짝 놀랐습니다. 동호가 평소와 너무 달라 보였기 때문입니다. 멋진 노래를 자연스럽게 두 곡이나 당당하게 부른 동호는 그날의 그 누구보다 빛나는 주인공이었습니다.

*

1교시 국어 수업은 내게 큰 의미가 있었습니다. 처음에는 30여 년의 경력이 무색할 정도로 허둥댔지만, 더 나은 방법을 찾고자 많이 고민하면서 교사로서 더 성장했다고 느낍니다. 글자를 읽지 못해서 힘들었던 아이들과 함께한 시간이 해마다 쌓였고, 이제 다른 사람들과 나누어도 좋을 정도가 되었습니다.

그동안 참 많은 것을 느꼈습니다. 교육은 교실에서만 이루어지지 않으며 교과서로만 이루어지지 않는다는 것, 일반적인 학습 방법과 학년 체제에서는 도무지 배우지 못하는 아이들도 그 아이에게 맞는 학습 방법을 제공하면 자기 속도로 성장한다는 것을 말입니다.

우리의 1교시는 사계절 내내 꽃이 피고, 천천히 산책할 수 있는 교정에서부터 시작되었습니다. 아이들은 함께 걷고 자연을 관찰하면서 위로를 받았고 닫혔던 마음을 열었습니다. 내가 만난 아이들은 공부하기 전에 심장호흡부터 해야 할 만큼 마음을 다친 아이들이었고, 글자가 무서운 아이들이었습니다. 그 아이들의 공부는 마음을 열고 자신감을 느끼면서부터 시작되었습니다.

이제 아이들은 나 없이도 스스로 배워 나갈 것입니다. 아장아장 걷기 시작했던 아이들도 언젠가는 잘 걷고, 잘 달리듯 말입니다. 나는 내가 만난 모든 아이가 자기 스스로 도서관을 이용하고, 노래도 부르고, 친구들과 감정을 나누면서 살아갈 힘이 생겼길 바랍니다.

읽기가 전부다

초판 발행 2024년 4월 30일

지은이 현상태, 이영선

펴낸이 구혜은

편집인 임희진

디자인 김대궁

펴낸곳 ㈜애드밸

주   소 인천 서구 가정로288, 3층

전   화 0507-1351-0965

이메일 addval@naver.com

ISBN 979-11-978447-9-9

이 책은 저작권법에 따라 보호받는 저작물이므로 무단 전재 및 무단 복제를 금합니다.
파본은 구입처에서 교환해드립니다.